引导规律研究院经典力作

基于引导技术的工作坊设计

Workshop Design Based on Facilitation

时间精选的经典工作坊设计法

（修订版）

林士然——著

電子工業出版社
Publishing House of Electronics Industry
北京 · BEIJING

图书在版编目（CIP）数据

基于引导技术的工作坊设计 / 林士然著. —修订本. —北京：电子工业出版社，2022.4
ISBN 978-7-121-43144-9

Ⅰ. ①基… Ⅱ. ①林… Ⅲ. ①组织管理学 Ⅳ. ①C936

中国版本图书馆CIP数据核字（2022）第045728号

责任编辑：杨洪军　　特约编辑：王　璐
印　　刷：北京七彩京通数码快印有限公司
装　　订：北京七彩京通数码快印有限公司
出版发行：电子工业出版社
　　　　　北京市海淀区万寿路 173 信箱　　邮编 100036
开　　本：720 × 1000　1/16　印张：15.25　字数：220 千字
版　　次：2017 年 8 月第 1 版
　　　　　2022 年 4 月第 2 版
印　　次：2024 年 8 月第 5 次印刷
定　　价：78.00 元

凡所购买电子工业出版社图书有缺损问题，请向购买书店调换。若书店售缺，请与本社发行部联系，联系及邮购电话：（010）88254888，88258888。
质量投诉请发邮件至 zlts@phei.com.cn，盗版侵权举报请发邮件至 dbqq@phei.com.cn。
本书咨询联系方式：（010）88254199，sjb@phei.com.cn。

前 言

老子在《道德经》第十七章中阐述了引导力的奇妙之处："太上，不知有之；其次，亲而誉之；其次，畏之；其次，侮之。信不足焉，有不信焉。悠兮，其贵言。功成事遂，百姓皆谓'我自然'。"然而，引导技术实际上兴起于西方，近些年传入国内后，因其强大的工具价值，一下子成了人们"趋之若鹜"的新鲜事物，于是，引导工具类课程满天飞。学习了引导工具课程的"引导师"走进企业大胆尝试，却发现引导并没有课上讲得那么简单，引导的成功率也没有想象中的那么高，于是就有人开始怀疑引导力的价值，甚至认为引导技术的盛行不过是一阵风……细细探究就会发现，不少人把引导技术推到了不食人间烟火的境地，把引导工具绑架到了需求和目标之上，把引导等同于引导技术，把引导技术等同于引导工具。本书作者希望更多的引导学习者对引导有更全面和系统的认知，提升引导实践的成功率，让更多组织体验到引导力的真正价值和魅力。

同时，我们发现引导技术与培训、会议和领导力的结合才刚刚开始。首先，工作坊作为引导技术落地的载体，正在替换传统的培训课堂形式。然而传统的培训走向工作坊，不是把课程名称和会标更换一下那么简单，不是在培训中夹杂几个引导工具那么容易，这里面涉及教学目标和逻辑重新设计、教学方式调整甚至教学路线的颠覆，只有在问题现场解决与知识技能提升相互牵引和相互服务的时候，培训师的角色才能真正转变为工作坊引导师（Facilitator）。其次，工作坊正在成为管理者的管理方式和日常工作。然而，很多管理者仍然分不清上传下达的会议与工作坊的差别，即便能区分，也无法区分会议的内容和会议的过程，不熟悉如何设计工作坊，不知道如何跟主持人进行角色配合，不知道如何让引导师主持的会议达成自己想要的目标。最后，尽管当前已经深处 VUCA 时代，大量的管理者仍然热衷于发展传统的领导力技能，面对新生代员工的挑战，仍然循规蹈矩地采用老办法应对，权威管理者向引导式管理者角色的转变还处在自发自觉的阶段，要达成老子所描述的引导式领导力的最高境界，仍然任重而道远。

我们理解的工作坊分为两类。一类是纯引导型工作坊，带领者只负责过程，完全不进行内容传递，此类工作坊的带领者称为纯引导师（狭义的引导师）；另一类是“引导＋培训”型工作坊，带领者既要带领大家分析和解决真实的问题，也要传递内容、教授技能或工具方法，此类工作坊的带领者称为引导式培训师，也可以称为引导师（广义的引导师）。

无论你是一位培训师还是一位管理者，无论你想做引导师、引导式培训师还是引导式管理者，要成长为一名优秀的引导师，需要经历引导工具体验、工作坊设计实战和引导师状态修炼三个阶段。我开发和设计了 AF 引导规律® 四模块课程，分别是引导魔法箱®、工作坊设计©、引导师状态® 和隐喻引导术© 课程（2018 年 11 月新增）。本书基于三十期工作坊设计© 公开课和一百多场工作坊实践萃取而成，希望更多伙伴可以从本书中学到更具实战性和更实用的引导技术，也希望更多伙伴跟我一起推动引导技术与本土实践相结合，让更多的组织因为运用了引导而发生新的积极的变化。

本书中的观点可能有一些让你觉得匪夷所思的地方，你尽可以将它们标注出来反馈给我，我的邮箱为 405242508@qq.com，感谢你的建议。

引导之旅，似西天取经般诡变。
发起人言辞闪烁，神秘不可参。
起点似乎清晰可见，终点感觉好遥远。

手持合约一卷，毅然决然走下山。
风萧萧兮易水寒，壮士孤独难入眠。

参与者风云变幻，随时让你心惊胆战。
还好，十八般兵器准备齐全，但愿能派上用场。
跋山涉水、历经万难，终点似乎就在眼前。
谁知还有八十一项挑战……

入场调查

欢迎真诚标记。单选、多选还是不选？由你来定。

1. 关于工作坊，我的经历是

A. 带领过　B. 参与过　C. 听说过

2. 我学习工作坊设计是为了

A. 做引导　B. 做培训　C. 做管理

3. 关于工作坊设计，我最想阅读的是

A. 工作坊需求把脉与目标确认

B. 工作坊过程设计

C. 工作坊引导工具与设计提示

目录

引导常识篇

第1章

引导简介

何谓引导

“引导”一词源于英文 Facilitation，意思是“使之更容易”，国内给予了 Facilitation 不同的翻译，如引导、促动、催化、建导、协作等，从事这一特殊工作的人也就有了引导师、促动师、催化师、协作者等职业标签。本书分别选用“引导”和“引导师”这两个说法。

上面这些不同的中文词汇，一方面如同盲人摸象一般，都突出了引导师一词的某些特征和功能。例如：

- “引导”突出了方向性，引导师的功能是过程带领。
- “促动”突出了引导师现场推动大家参与和互动的功能。
- “催化”突出了引导师像催化剂一般让现场发生奇妙的变化和反应。
- “建导”突出了引导师帮助参与者现场建设性建构并走向某一方向的功能。

另一方面，这些中文词汇如同拼图一般使“引导”这头“大象”的全貌逐渐显现出来。首先，“引导”的内涵与外延大于“引导技术”和“引导工具”。引导关注的是事情达成的全过程，只掌握几个引导工具和方法是远远不够的，而且很容易陷入引导技术本身，而忽略了要面对的真实问题、发起人的真实需要、引导本身的目标和参与者的动能。

其次，引导师的工作与传统培训师的工作形成了鲜明的对比。引导师的工作职责在于帮助团队，激发团队成员的参与，让团队成员开展对话和互动，让团队实现从毛毛虫到蝴蝶的转变。引导师更看重团队自己探索答案，而不是告知和说服。相较于培训师擅长的宣导内容、传授技能和贡献答案这三项技能，引导师更擅长的是促动参与、带领过程和引导产出。

最后，Facilitation ＝引导＋促动＋催化＋建导……Facilitation 包含了以上几个关键特征，这一公式也直接把引导师和教练的角色区分开了。引导师面对一个群体开展工作，少则三人，多则成百上千人，引导师更关注群体之间的对话和因此形成的场域。引导师会借助议题、发问和复述等让群体进行碰撞、连接、欣赏和重构。此外，在引导型对话过程中，群体间的发问和对话往往同时发生；而在教练式对话过程中，发问和对话往往更多地依次进行。

在使用“提问”这个工具时，教练会关注如何提出一个更高质量的问题，以促使被教练者觉察自己的心智模式，进而排除干扰因素和唤醒潜能。引导师更关注组织需要真正关注的问题或议题，引导师的提问工作只是把这些问题或议题简单地包装成一个礼物抛出来。如果说教练的核心工具是提问，那么引导师的核心工具就是流程。刚开始很多人会对比性地认为：教练更关注人，引导师更关注事；教练更擅长调用潜意识，引导师更擅长调用意识；教练更关注内在问题，引导师更关注外在问题。这些认知在一定程度上有道理，但不完全准确，引导师也非常关注人（群体），关注发起人的需求和参与者的现场体验。同时，引导师也注意挖掘组织的内在问题和冰山之下的问题，确定在有限的时间内推进解决人的问题还是事的问题更能让组织看到成果和收益。

随着大量的教练学习引导技术和引导师学习教练技术的运用，教练技术与引导技术会逐步融合，并被整合进服务客户的助人技术大箧里。

为何有引导师这个角色

我们经常用“内容 + 过程 = 好的结果”来描述如何做好一件事情，然而，很多时候并不是方案本身有问题，而是人们在推进和落实方案的过程中并不理解和支持方案，这导致方案推进困难。反思一下就会认识到，人们对方案缺乏共识性理解、没有参与方案内容的产出过程是重要原因。让人们的观点和想法都融入方案中并不是一件容易的事情。很多时候人们都会有一种担心，那就是人多嘴杂、人多瞎胡乱，甚至导致最终的方案无法达成共识。另外，人们还会担心一旦所有人都加入，工作效率就会变得低下，而方案质量未必会有大幅的提高。面对这样的两难处境，兼顾平衡、统筹兼顾和寻求第三方支持成为必然的选择，由此，引导师登上舞台。

在传统管理模式中，决策与执行是严格区分的，管理者负责决策，员工负责执行，然而这样严格的角色边界经常导致管理者与执行者之间相互抱怨和指责。例如，决策执行不下来，管理者就会认为员工执行能力有问题。引导技术的出现打破了这种管理模式，让员工参与到决策过程中来，让管理者思考如何执行，如此之后大家再依据各自的责任分头去推进。管理模式的升级，不仅需要管理者有自我反思和觉察的能力，也需要员工来推动。前者需要意识到群策群力不仅能调动群体潜能、不会影响自己的权威，还能帮助自己节省力气和精力；后者需要不断地表达参与的意愿，展示能够参与决策的能力及参与给组织活力和效益带来的变化。引导技术的出现，让管理者引导群体参与的想法有了技术支撑，也让管理者看到了人多力量大的效应。

引导师就是那位关注事情达成全过程的人，内容的输出和贡献则交给引导对象。例如，在一场研讨会中，引导师关注会议的主题、目标的达成、研讨的进程、参与者的参与度、会议的时间管理、现场气氛和能量状态等；会议内容则由参与者产出，引导师对产出内容并不发表自己的观点和倾向，而是不断鼓励大家贡献更多。引导师与发起人、集体参与者相互配合，可以让会议的研讨效率和成果质量更高。

引导师能不能既管理研讨过程，也参与研讨内容呢？显然这一挑战巨大。关注什么？能量流向哪里？引导师一旦参与内容贡献，就很容易给其他参会者带来困扰，因为管理过程给予了引导师特殊的影响力，参与者在表达真实想法的过程中，容易受到引导师观点和倾向的干扰，而这又不是引导师所期望的。因此，对没有经过刻意学习和专业训练的大部分人来说，尽量不要让某个人在负责引导过程的同时，还让其贡献观点和想法。

Facilitation 的关键词

依据关键特征和区别特征抓取关键词，是理解 Facilitation 的方式之一，以下是我选取的关键词，供大家参考。

1 个关键词：共识。

2 个关键词：中立、共识。

3 个关键词：中立、目标、共识。

4 个关键词：中立、对话、目标、共识。

5 个关键词：中立、对话、目标、成果、共识。

6 个关键词：中立、参与、对话、目标、成果、共识。

7 个关键词：中立、参与、对话、群策群力、目标、成果、共识。

一句话描述 Facilitation

【示例 1】引导师激发团队智慧，推动团队成员达成共识。

【示例 2】引导师像助产士一样，协助团队更加轻松地产出成果。

【示例 3】引导师像导游一样带领团队完成一次次的爬山旅程。

谁适合做引导师

首先，从引导师的核心要求之一“中立”来看，对内容无法参与的人、对内容能够做到不参与的人都是比较合适的引导师人选。对企业来说，人力、办公室、企管等职能部门人员特别适合担当业务问题研讨的引导师。

其次，从引导师要领会发起人的意图、带领参与者达成目标这个核心要求来看，能够与发起人很好地沟通并能与参与者打成一片的人都是比较合适的引导师人选。对一个部门来说，部门副职适合做本部门的问题研讨引导师。

最后，从引导师所要承担的复杂职能和特殊使命来看，综合素质强且经过刻意引导技能训练的人更适合做专职的引导师。需要特别注意的是，能否做到内容中立并不是做引导师的充分条件，在现实中，不能只因为某人更容易做到中立而让其做引导师。更多技能要求请参见第 6 章的内容。

如果本单位有独立的引导师，那么由其来负责重要会议的引导工作就最适合不过了。在资源充足的条件下，内容贡献者与过程引导师最好独立开来，内部引导师与外部引导师搭配效果更佳。在资源不够理想时，从内容贡献者中选出能够运用引导技术的人是非常有必要的。当然，在一个普及过引导技术的团队中，如果引导技术已经成为该团队的工作语言，此时，引导师这一角色既可以交由某个人担当，也可以由大家现场轮流担当。

试一试

回顾和总结以上内容，并简要回答下面四个问题。

1. 以上内容中，哪些观点对你来说是新鲜的？哪些观点让你有了新的认识？

2. 请试着比较引导师和培训师，列出两者之间的三个差异。

3. 请试着比较引导师和教练，列出两者之间的两个差异。

4. “引导”这项工作如何助力你目前的工作？列出最重要的一条。

第 2 章

引导的显著价值和适用场景

案例

如何让园区更美好

某园区单位拟开展两天高效运营系统构建的培训，可到底培训什么内容呢？培训机构接到需求后，了解到该单位最迫切的需求是落地园区的规划。之前的规划是由第三方咨询公司设计的，当初看起来颇为科学，可真正落地实施起来，大家都觉得困难重重、挑战多多，如果照本执行，肯定会出问题。可是让谁一下子拿出一个比这个更棒的规划出来，似乎谁也做不到，也没有哪个部门敢担负这个责任。

培训机构找到了专业引导师一起来商量如何设计为期两天的方案。经过与总经理的沟通、确认需求、一起设计，最终确定了方案的框架。

首先，引导师了解了大家的期望，并带领大家共同构建了两天的活动规则。其次，聚焦当前本单位需要面对的重要紧急问题，引导师并没有急着让大家研讨如何解决这些问题，而是让大家描绘年底渴望实现的愿景图像。之后，引导师询问了大家一个问题：为了让年底的愿景变为现实，当前最需要面对的问题是哪些？最后，大家经过讨论，一致认为园区规划迫在眉睫。

紧接着，引导师让大家一起把园区规划沙盘呈现出来，有意思的是，大家并不是只用嘴说，而是借助模型、道具和材料一起把园区的大画面生动地呈现了出来。

之后，引导师询问大家：面对这个规划画面，大家的感受和洞见是什么？

大家描述完毕后，引导师又紧接着询问大家：假如要做出一个改变，会是什么？此时，小组内有人提出了一个想法，引导师立即鼓励他动手改变这个沙盘。很快，其他人包括总经理也加入了进来。在整个过程中，大家放弃了固守的部门界限，不断倾听他人的想法，并深入交流和调整这个规划，直至大家都停下来。此时，引导师又问了大家一个问题：看看年底想实现的图像，大家还可以做些什么？大家又陷入了思考，然后，又有人提出了建议和设想。这一次，大家认真倾听他的建议和设想，直至大家觉得就应该这么干。引导师觉察到，直到此刻，现场的所有人真的成了一个团队。

最后，大家兴奋地在新的沙盘面前拍照留念。等大家安静下来，引导师又询问大家：假如按照目前的规划执行，大家还有什么担心和顾虑？如何确保今天的规划变为现实？……最终，总经理非常满意这次为期两天的引导活动，并赞扬了引导师。

通过这个真实的案例，你会发现引导的显著价值，如图 2.1 所示。

图 2.1　引导的显著价值

引导的显著价值

现场有成果产出

在活动现场，人们可以得到可直接使用的成果产出，这与传统的培训有较大的区别，在一定程度上解决了培训价值无法评估的难题，业务部门从此将爱上这种“培训”；这与传统的信息告知型会议也有所区别，与那些研讨效率低下、议而不决、不能产出实际可用成果的工作会议区别开来。

成果产出质量更高

引导师相信群体的智慧和流程的力量，借助一系列技术和方法，群体的参与度、投入度和群体潜能被激发出来，限制性要素被悬挂和搁置一边，好的想法涌现出来，群体被进一步鼓励再创造，从而超越了单独个体的智慧水平；同时，引导师会借助提问、反思、质疑、连接、整合等方式，引导大家打破固有思维、完善现有想法，不断创新突破，以实现大家期望的成果。

大家对成果更有共识

过往一个人做的决策，责任虽然明确，但典型问题就是决议与执行割裂，决策者与执行者会进行博弈，有些需要协同的工作也会因为人们囿于职责、不愿意为他人做嫁衣而导致目标成果推进困难，或者人们一遇到困难就会选择放弃。参与激发了人们的责任感和热情，各自的立场、利益、观点和分歧放在桌面上被看见，行动的顾虑与保障因素也会被提前考虑，这些都会帮助人们达成真正的共识，从而引发真正的行动。

人际关系得以加强

引导师借助大家关心的议题将大家聚集起来，面对真实的问题和利益相关的目标，大家在集体参与和对话碰撞过程中，各自的想法被倾听和被建构，少数人、差异化的声音被尊重，内在的情绪、感受和渴望也像皮球一样浮出水面，于是，在理性结果产出的同时，人们之间的工作关系和人际关系距离也缩短了，连接、理解、信任与融合也随之而来。

个体和组织被激活

引导与对话是让个体和组织焕发新生命的重要方式，尤其当团队士气低落的时候，开展深度会谈有助于人们看到真正的问题，有助于人们重拾对组织和未来的信心。引导师善于营造相互尊重、彼此协作、安全轻松的场域，参与者也更容易打破顾虑和角色的限制，责任感、使命感、成就感也会被激发出来。当所有人都不再按照法律契约思考和行事时，组织就不再是一台僵硬的机器，而是变得像源头活水般新鲜而富有生机。

引导的适用场景

引导是一种旨在促进群体之间开展对话的技术。只有同时满足以下四个前提条件，引导才能找到最佳的用武之地。

议题重要且紧急

引导的起点往往是组织议题。假如某个议题既不重要也不紧急，发起人不感兴趣，参与者也不感兴趣，引导就很容易变成一场体验活动（没有成果或大家心目中对成败的认定标准不一）和引导师的独舞表演（如纯粹为了练习某个引导工具而组织的沙龙活动）。重要且紧急的议题往往是与大家的利益相关的、大家都想解决的。如果发起人认为某件事重要且紧急，而参与者并不这么认为，引导师需要首先让双方进行对话，对事情的重要性达成共识，不然后面的活动引导起来会很费劲。

没有明确的答案

引导的终点是关于议题的解决方案，每场引导都应该探讨一个一开始对发起人和参与者都尚未有明确答案的事情。假如发起人已经对议题有了明确的答案，如实告知效果反而更好，不然很容易让引导活动变成一场猜疑和站队的政治游戏。如果战略已经明确了，再讨论战略是什么就意义不大，除非发起人同意变更引导的目标合约。例如，研讨如何理解共识战略，或者如何分解、落实这个战略。假如参与者都已经同意某一方案了，引导师再花时间带领大家探讨是否同意该方案，就会引起参与者的反感，尤其是当引导前后变化不大时，很容易挫伤大家的积极性。

议题具有一定的挑战性

引导活动尤其是线下的工作坊需要耗费一定的人力和资源，同时也存在一定的机会成本，所以引导的议题对大家来说应当是有一定的挑战的，甚至是过往的努力未曾实现的。参与者要想达成目标，需要应对重重困境，要么资源不足，要么时间压力巨大，这类挑战不是一两个人稍微努力一下就可以搞定的，或者哪怕一两个人努力搞定了事情，但是如果其他相关人员搞不定，事情照样无法推进，何况很多时候人多不一定力量大。只有在这种情况下，专业引导师的出场才更有必要性。

议题需要达成共识

不需要共识，就不需要引导。尽管共识有一定的时间成本，但没有人会否定前期共识带来的整体行动力。一个方案再完美，如果缺乏大家的理解和支持，也很难完美落地。在管理工作中，指令或借助权威告知，往往无法得到管理对象真正的理解和持久的认同。在跨职能协作中，参与者之间没有上下级关系，唯有平等对话、形成共识，各方才可能在会后推动决议落地。同时，人们依赖权威的心理也容易导致自己投入不够和责任缺失，尤其当事情推进遇到困难的时候，如果共识不足或维持不久，继续向前推进往往很难实现，创造性解决问题的意愿和可能性也会大大降低。

引导的典型应用场景

基于引导技术应用的四个前提条件，研讨会和引导式培训是引导技术两个最典型的应用场景。经验表明，以下类型的研讨会或培训活动，在使用了引导技术之后，效果和成果会更好。

第一类是面向过去的研讨会或培训活动，如项目复盘、团队复盘、引导式课程设计和组织经验萃取等。

第二类是面向当前问题的研讨会或培训活动，如组织能力建设研讨会、问题分析与解决研讨会、流程优化研讨会、业绩目标冲刺研讨会，以及新老团队融合、团队士气提升、跨部门沟通与协作等。

第三类是面向未来的研讨会或培训活动，如战略规划、战略共识、年度经营目标分解、创造性解决问题、新产品方案创新设计，以及文化共创、文化共识、组织变革、高管团队融合等。

整体上来说，这三类研讨会或培训活动对引导师的挑战依次提升。当前，对企业内部引导师来说，带领大家进行复盘、引导式课程设计和组织经验萃取等第一类研讨会或培训活动是基本的胜任要求；而第三类研讨会或培训活动挑战较大，借助外部引导师的力量效果更有保障。

基于引导技术的这些典型应用场景，你也可以发现在企业中哪些人员适合做引导师或需要成长为引导师。首先是企业内部培训师、课程设计与开发者、人力资源业务伙伴等专业人士，没有引导技术，他们基本上就无法胜任相关的研讨会或培训活动。其次是学习项目设计、人才培养项目设计、组织发展与变革项目的操盘手，引导技术的加入会让项目利益相关者参与进来、共创方案、共识行动。最后是企业的中高层管理者、部门负责人和团队负责人，不懂引导技术的管理者将无法调动新员工的积极性和主动性，无法凝聚群体共识、激活团队，无法给组织带来创造性和活力。

致引导技术学友的一封信

引导 > 引导技术，正如同群策群力 > 群策群力 Workout 一样

建议大家参照国际引导者协会（International Association of Facilitation, IAF）的职业引导者必须具备的六项核心技能来学习和提升自己的引导技能。这六项核心技能包括：①创建合作式客户关系；②规划适当的团队引导过程；③创造并保持参与的氛围；④引导团队获得适合的有用的结果；⑤建立和保持专业的知识；⑥塑造积极的职业态度。这六项核心技能跨越各行各业，是全世界职业引导者的通用技能。

请大家仔细看一看，这六项核心技能中哪一项直接要求引导者必须一下子学习十种以上的引导工具？客户不选择你是因为别人会十种工具而你只会九种吗？引导者不应该对自己引导的过程负责，而应该对引导的全过程和结果负责。引导者在引导过程中如果关注自己过多，只会让事情变得糟糕。同时，对于创建合作式客户关系、规划适当的团队引导过程、引导团队获得适合的有用的结果、塑造积极的职业态度这四项核心技能，市场上鲜有培训和训练，这不仅是因为涉及核心的商业竞争优势，也与当前引导市场的发展状态有关。长此以往，我担心这会让很多引导者“营养不良”，要么变成“大头娃娃”，要么患上“侏儒症”。

我所听到、见到和经历的引导不够成功的原因，往往不是某种引导工具的操作出了问题，甚至也不是引导工具的选择出了问题，而是客户所具备的资源与客户想实现的目标不匹配。现实的引导需求很少会先入为主地指定某种引导工具，除非组织者想被培训，或者擅自主张、不明需求。曾经，我认为，基于客户尤其是发起人的需求来设计研讨会流程以实现想要的结果是引导者的关键技能，因为如果搞不清楚需求、目标和会议成功的标志，只会让自己瞎忙活，让学员白忙活。

渐渐地，我发现，尤其在商业引导领域，引导者对客户的资源状态分析得不够彻底，以及客户创造性解决问题所具备的资源不足才是引导失败的根源，这是六项核心技能背后的技能，需要引导者在引导前就具备厘清问题、整合资源、系统设计这三项技能。

用一言一行诠释引导者，而非只会用工具和标签来佐证。回头看看这几年来自己走过的路，从最初和同行比拼谁上的引导课程多、谁懂的引导工具多、谁看的引导书籍多，到现在开始比拼谁的认证更权威，一路走得很辛苦，但我乐在其中。从对标、挑战到与大家融合，需要我们进行更多的引导内功的修炼，需要我们选择做什么样的人。或许我们现在还需要用这些来表明自己是在引导圈里，也需要用引导案例来给自己的能力佐证。但是，我们永远不要忘记，我们真正需要比拼的是谁从客户那里获得了更多的赞誉，谁在引导过程中收获得更多，谁为引导在中国的推广贡献得更多。

请继续痴迷于引导，而非引导技术。

林士然

工作坊理论篇

第3章

工作坊简介

案例：组织变革如此“培训”

为了顺应市场化的趋势，某大型能源型国企正在经历一场业务转型和组织变革，需要从简单的产品提供者转变为解决方案提供者。在变革前期，企业负责人发现不少中高层管理者对变革的紧迫感不足，无法理解由产品转向服务的战略性调整，也不具备推动组织变革的能力，这会直接影响变革的进度和效果。于是，负责人便吩咐人力资源部门邀请一位有经验的引导师开展一场“组织变革培训”。

引导师在了解了客户需求后，与负责人进行了沟通，达成了共识：引导师少讲，让大家参与进来，重点放在理解为什么要变革及如何在变革过程中扮演好推动者的角色。引导师提前设计了四步流程。第一步，回溯企业发展历程，找到组织自带的变革基因。第二步，依据企业战略目标畅想企业未来的发展状态。借助这两个环节，引导师听到参与者纷纷表示企业必须开展变革，而且公司是有不断适应变化的习惯的。第三步，引导师让大家分析实现愿景画面的关键因素，尤其是中高层管理者需要具备的素质。第四步，结合企业对中高层管理者的要求和具体的工作场景，让大家开展演练，磨砺技能，并反思自己当下与组织需要之间的差距。工作坊结束时，发起人和参与者都非常满意，而且参与者发现，这是企业举办培训以来自己最积极投入的一场，也是现场引导师讲得最少但大家收获和触动非常大的一场……

工作坊的含义

工作坊，源自英文 Workshop，是指围绕一定的主题和目标，一群参与者不断对话、相互学习和共同创造的过程。它区别于一般的上传下达的会议 / 培训，需要现场直面悬而未决的真实问题（组织正在面临的挑战或群体需要解决的问题），需要参与者积极贡献想法，也往往需要产出可用的成果。

工作坊现场 1

工作坊现场 2

工作坊的特征

工作坊的流行与当前组织发展的环境密切相关。相比于传统的咨询项目和行动学习项目，工作坊具有“短平快”的优势，满足了当前组织转型迅速、急需快速解决问题、见到效益的需求。从参与者的角度来比较传统的培训和工作坊，工作坊具有四个典型特征，基于工作坊见效快的突出特点，我们将这四个典型特征概括为“S-PEED 法则”，即：Shared Participation——参与者共同参与；Shared Experience——参与者共同体验；Shared Evolution——参与者共同演进；Shared Dialogue——参与者之间共同对话。S-PEED 法则提醒工作坊的带领者要激发更多的人参与，让大家同时、同步开展对话，让大家共同经历问题分析与解决的过程，让更多的人跟随组织一同发展和进化；

提醒工作坊的带领者运用专业力量让组织解决问题的速度更快一些、效率和质量更高一些。S-PEED 法则如图 3.1 所示。

S-PEED 法则

1. 共同参与 Shared Participation	2. 共同体验 Shared Experience
3. 共同演进 Shared Evolution	4. 共同对话 Shared Dialogue

图 3.1　S-PEED 法则

工作坊的类别

各类主题的工作坊琳琅满目，从带领者的任务来看，可以将工作坊简单地分为两大类。

一类是纯引导型工作坊。带领者只负责过程，完全不进行内容传递，此类工作坊的带领者称为纯引导师（狭义的引导师）。

另一类是“引导 + 培训”型工作坊。带领者既要带领大家分析和解决真实的问题，也要传递内容、教授技能或工具方法，此类工作坊的带领者称为引导式培训师，也可以称为引导师（广义的引导师）。

工作坊与培训的区别

无论是纯引导型工作坊，还是“引导 + 培训”型工作坊，其首要特征都是在现场围绕某一真实、重要且未解决的问题开展研讨。

区别标志

（1）有没有围绕重要且未解决的真实议题在现场开展研讨，是区分一般培训课程和引导式课程的关键特征。

（2）带领学员在解决问题和把握学习机会之间取得平衡，是区分传统培训师和纯引导师的关键标志。

（3）遇到困境、冲突和挑战时，采取什么样的应对策略，可以反映出课程带领者扮演的角色。

现场特征

在带领一场“引导＋培训”型工作坊时，引导师要让以下画面出现：

（1）针对重要、真实且未解决的问题开展对话和交流。

（2）参与者积极参与问题研讨，并贡献内容。

（3）参与者之间进行大量深度对话。

（4）针对案例体验或问题研讨过程开展自我学习和群体学习。

（5）课程带领者进行大量提问、过程引导和少量内容贡献。

为此，引导师需要：

（1）营造一个轻松、愉悦的学习场域，让所有人的心态完全打开。

（2）精心设计学习过程，允许现场发生更多的可能性。

（3）成为一名陪伴者、支持者，让学员成为真正的学习者和工作坊 推进者，两者紧紧连接。

关于案例

优秀的培训师经常会讲案例，或者带领学员做案例研讨解析。这些案例或许来自前期调研和后期提炼，它们的答案对大家解决各自的问题有一定的启发和帮助。这些案例往往是有一定答案的，培训师依然掌握着评判和判断的绝大部分权力（扮演裁判员的角色），而且培训师使用案例的目的主要是传递观点和教授方法，而非解决问题。案例研讨过后，学员只停留在获取启发的层面，培训师并不会留出更多的时间，让学员带着启发去解决近期要面对的真实问题，这也是让人深感遗憾的地方。这就好比好不容易找到了有水的地方，却随便挖了两下就离开了。

与培训师擅长使用案例不同，引导师擅长发掘议题，推动对话。引导师也会使用案例，但一般只在以下三个场景中使用：一是使用案例来介绍自己的角色或研讨过程中的工具方法，以让参与者快速理解；二是根据参与者解决问题的需要，提前向大家呈现案例或邀请内容专家贡献案例；三是当参与者解决问题陷入惯性模式时，借助真实案例刺激和启发大家进行深度思考或创新思考。

从培训课程设计到工作坊设计

传统培训擅长解决答案已知的良构问题。培训师面对问题的应对思路是：将问题定义为人的问题—假设人的技能或知识有问题—技能或知识问题需要通过培训来解决—参加培训就需要上课—上课需要课件，由此开展调研、设计课程，最后进行交付。如果培训师认定是多项技能出了问题，也会设计一个学习项目，遵循成人学习规律，按照主题安排一系列的培训课程，并辅助测评、测试、辅导、汇报等形式。你会发现，培训解决问题的逻辑链条很长，用终端的课程去解决最初的问题有点像用杠杆去撬动地球，理论上行得通，但在现实中并不存在那么长的杠杆（持续作用发力的机制），并且地球时刻都在旋转和运动（要解决的问题时刻都在变化）。

与传统培训不同，工作坊擅长处理答案未知或路径不明确的病构问题，并且相比培训项目，工作坊的效率更高，更加“短平快”。当引导师接到发起人的需求时，会开展问题分析和问题分类：要么是纯粹的工作任务问题，要么是工作坊任务和工作技能兼有的问题。前者需要用纯引导的方式群策群力完成，后者则需要“引导＋培训”型工作坊完成。如果说培训师手上只有“内容”这一件法宝，纯引导型工作坊引导师手上只有“议题”这一件法宝，那么“引导＋培训”型工作坊引导师就拥有“内容”和“议题”两件法宝。

培训课程设计逻辑与工作坊设计逻辑的对比如图 3.2 所示。

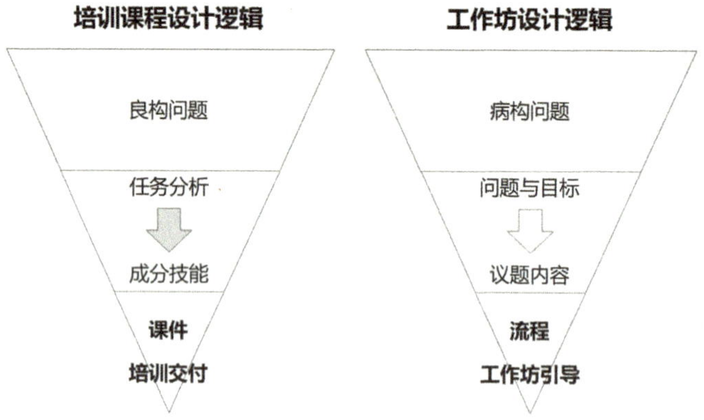

图 3.2　培训课程设计逻辑与工作坊设计逻辑的对比

老林分享

培训师都应成为一名引导师

我对引导式培训和引导式培训技术的理解有3个阶段。

第一阶段：引导式培训技术 = 组合引导工具

2013年刚接触引导技术时，我还是一名企业内训师，当时就对引导与培训的结合感兴趣（当时我分享过“让培训与引导相得益彰”课题），也试图开发一些针对内训师的引导式培训课程，但基本上只是把引导工具加入TTT课程中而已，如把“世界咖啡”等放在培训课程中的某一环节。这个阶段往往是简单粗暴的1+1=2的模式，或者把A+B=C替换为A+E=C。

第二阶段：引导式培训技术 = 真正以学员为中心的课程设计

2014年，我跟着江焕勇老师学习“以学员为中心的培训技术”，开始将引导式课程设计融入课程中。在此过程中，我更注重的是培训前的针对性设计，以及库伯学习圈等学习方法论的应用。公开课的培训师一般都需要准备大量的课程内容，并将其按照一定的课程逻辑进行连接，即按照由简单到复杂、由浅显到深刻、由知道到理解再到应用等循序渐进的逻辑对课程进行设计。这个环节需要耗费培训师大量的时间进行一次次的迭代更新，做到一定程度后，基本上不用考虑学员的个性差异，也照样可以做到整体满意。做到了这一点，就代表课程的逻辑和内容基本成熟了。

第三阶段：引导式培训技术 = 培训师成为一名引导师

随着不断进行引导实践及总结和感悟，直到第六期“引导规律®”（魔力工具箱©）公开课，我才真正找到满意的引导式培训的感觉。我遇到一些很有实力的培训师，学习了一些引导技术课程，但是深层次的部分没有太大变化（只学会了运用一些引导工具）。我认为要更上一层楼，有 3 个障碍需要自我突破。

1. 我还没有真正体验到引导的价值。培训师如果不去做一些纯引导的案例，就很难理解引导式培训的真谛。在从培训师到引导式培训师的登山旅途中，做纯引导的项目是一个很有用的资源，可以让你看到山下的整个风景（记得享受那一刻），然后你可以做出自己的选择，是继续朝着培训的方向走，还是走其他的路。

2. 仍迷恋众星捧月的“明星”感觉。被人追捧的感觉如此迷人，有时我们都不愿意从这种感觉中挣脱出来，但长此以往，自己很容易陷入自满和停滞不前的状态，无法让自己实现更大、更新的突破。举个例子，如果你认为自己在某个领域是最牛的，其他人都不行，那说明你已经停止成长很久了。

3. 个人性格和气质无法改变。并不是所有的培训师都可以很快成为引导师，有的人天生就是引导师，这与人们的性格、气质等都有关系。要想改变自己的思维习惯和行为模式，需要极大的觉察和灵活性，需要对未来的自己有更大的期待。

引导式培训师的成长阶梯如图 3.3 所示。

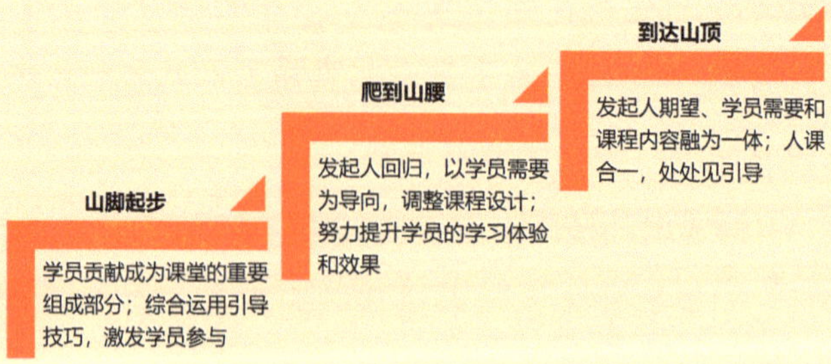

图 3.3　引导式培训师的成长阶梯

老林分享

由培训师到引导师的心路旅程

由做咨询转做培训，我刚开始收获的是即时的成就感，后来发现让自己兴奋的是不确定性带来的刺激和挑战。培训是一门遗憾的艺术，每次培训都是一场未知的旅程。当某天你认为自己足够厉害时，结果现实会马上让你栽一个不小的跟头，这似乎是一场时输时赢的持久战，你在和看不见的高手过招。对手是如此强大，当你以为到达了山的顶峰时，结果发现了更高的山，个中滋味，难以用语言表达。

后来，我接触了引导，开始做引导，很快喜欢上了这份工作，它带给我的是更大的不确定性，以及因为不确定性带来的成就感。引导对一个有超强控制欲望的培训师来说，将是一次浴火重生的淬炼。过了这一关，就可以下山了。过不了，就只能在舒适的区域欣赏墙壁上自己的影子。这种历练不只是对技巧的考验，更是对个人工作态度和生活态度的考验。优秀的引导师一定是身心合一的人，一定是真诚通透的人，也一定是活出引导状态的人。

培训师的神经往往绷在内容和个性学员身上（基于初级的评估模式导向），在培训师主导和学员参与之间寻求平衡。高明的培训师就如同牵线木偶剧的导演，现场发生的一切都是导演想让其发生的。培训师与引导师的不同，如图 3.4 所示。

引导师面临不追求控制又要对结果负一定责任的挑战，这才是最考验人的。引导师的神经绷在发起人的目标、参与者的意愿和资源上，在发起人和参与者之间寻求平衡，为了让参与者更快地攀登到山顶，还要构思创造性的路线，让参与者更省力气。

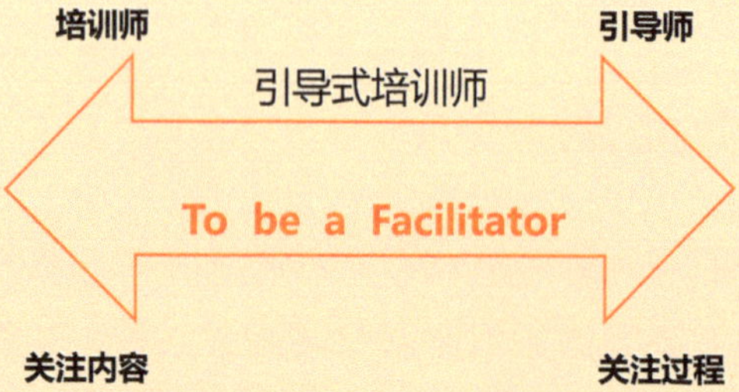

图 3.4 培训师与引导师的不同

发起人不在现场，却又在现场，参与者似乎是参与者，但也是主导者。如果发起人不满意，那么一场引导几乎就可以判定为失败的，但只是让发起人满意也不是最成功的引导。对优秀的引导师来说，发起人满意只是第一步，引导师还会努力让参与者满意。引导师的这一角色似乎超越了交响乐团的指挥者，因为他要关注的更多，如果没有全身心的聆听、没有临在的觉察，就无法在某一时刻实现现场的共创，无法奏出美妙的乐章。

从追求内容主导到敢于放弃内容主导，从搞定学员到支持学员，从努力克服不确定性到拥抱不确定性，从强势到柔和，从抗争到允许，从建立自我到追求无我，我热爱这个旅程，我喜欢这个旅程，我享受这个旅程。

致引导技术学友的一封信

随着引导技术的兴起，越来越多的小伙伴开始从好奇到欣喜再到狂热，开始追捧引导书籍，开始追捧引导技术大咖，整天陶醉在学习引导技术的氤氲中。2015—2016年的我基本上也是如此，东奔西跑，施展“吸星大法”，这股“走火”的劲头让我收获了很多，也给了我很多启示，现在我将它们整理出来，分享给师弟师妹们。

我们学引导技术是为了习得引导技术，如果没有实践，没有实践后的反思和获取反馈，我们就很难真正理解引导技术。所以，建议大家给自己制订一个学习计划，每学习一个课程都给自己做一次总结回顾，执行完行动计划再去学下一个课程。多争取实践的机会，也珍惜实践的机会，去帮助人们解决问题，而不是秀自己的引导技术。

选择合适的课程，把每分钱都花在刀刃上。引导技术的课程学不完。建议选择经典的引导工具和课程，选择性价比高的实战课程，把上课、自我学习读书、参与沙龙活动和聆听免费的分享结合起来。如果你感觉自己需要学的课程有很多，那就优先学习那些客户会快速买单或能快速应用的引导技术课程。

找到自己的方向，找到学习引导技术后可以应用的领域和情境。长期来看，仅靠引导技术不能养活你，你必须找到让引导技术得以施展的舞台，找到愿意为你的引导技术买单的人。尽快收回你的投资，让学习可持续。在寻找方向的过程中，不要丢掉你过去的优势，做好与优势的结合。还可以研究和参照“先富起来的人”的做法，走出自己的道路。喜欢引导技术，就要回归引导的本质，借助引导技术磨砺自己，更加用心地关注你的终极客户，倾听他们的需要，更好地服务好他们。

修炼自己的内功，检查自己的工作生活哲学。做好引导，考验的不只是你使用的工具和流程，也不只是你的工作坊设计，更是你的为人处世。在学习过程中，要看自己有没有帮助客户解决问题，其间自己发挥了多大的价值；看自己平时是如何与他人相处的，能否听得进去别人的负面反馈；看自己有没有自以为是，有没有对身边的伙伴不屑一顾；看自己的生活态度有没有更加平和，对待不顺有没有更加从容。

引导技术只是一条木筏，帮助我们渡到彼岸的不是它，而是我们自己。木筏只要结实够用就好了。如果你真正喜欢引导技术，就和他人一起推动它在组织中的应用，唯有如此才能发挥出它的价值。相比于很多国家，我们国家在引导领域起步晚了很多年，重任在肩，需要吾辈加倍努力。同时，罗马不是一天建成的，享受好生活中的每一刻，积极好奇地迎接明天，这是引导技术带给我们的福利，别浪费了。

第 4 章

工作坊的假设

故事分享

石头汤的故事

每当有引导技术学习者请我推荐引导书籍时，我都会半开玩笑地推荐《石头汤》这本经典的儿童绘本……故事的梗概如下，大家可以根据需要创造性地演绎这个故事。

从前 3 个和尚行脚修行，路遇一个村庄，需要化些斋饭，不曾想这个村庄屡遭土匪侵扰，村民们不仅对外人心存戒心，相互之间也很

少往来了。村民们远远看到 3 个和尚，更是早早闭上家门，从窗户里面小心观察他们的一举一动。和尚们见状，捡起一些干柴，来到村落中央的空地上，架起一口小锅，打来水，像平常人家做饭一样准备晚餐。村民们都很好奇地看着。

一个小姑娘大胆地走过来问他们在煮什么，和尚说在煮神奇的石头汤，小姑娘看到锅中有一块石头不停地翻滚。和尚说可惜他们的锅太小了，要是锅大点就可以让更多人喝到这锅汤了。

小姑娘跑回家，要拉着自己家的大锅出来，她的父母也跟着出来了，看着 3 个和尚在煮神奇的石头汤。和尚说他们没有带盐出来，要是有些盐就好了。小女孩的父母返回家中，不仅拿来了盐，还拿来了几根胡萝卜。很快，其他人家也打开门，纷纷围了过来。他们也知道了和尚们在煮一锅神奇的石头汤，于是开始从各自家里拿来碗筷、勺子、桌凳，还有更多的食材。天色晚了，有人还拿来了蜡烛和灯笼……

很快，石头汤的香味飘散出来，更多人加入进来，大家开始品尝石头汤。在这个过程中，大家开始交谈，像很久之前一样，说笑着，甚至开始跳起舞来……3 个和尚也被大家邀请到家里居住。

第二天，和尚们要离开了，有村民很好奇地问起那块神奇的石头从哪里来的。和尚们拿出石头说，这就是从你们村庄里捡到的。村民们忽然悟到，这块神奇的石头其实一直都在……

试一试

试着回答以下两个问题。

1. 也许你不是第一次看到这个故事，这个故事给你带来了什么启示和启发？

2. 假如煮石头汤的过程是一场引导的过程，哪些神奇的人、事物的出现，让这个过程变得美妙和回味悠长？

基于引导的发生原理，工作坊的神奇之处源于工作坊设计者和引导师心存 4 条信念，这构成了工作坊的假设。

人们有意愿参与目标达成

在工作坊中，引导师相信人们是有一定的意愿参与目标达成的，尤其是当目标达成与自己的利益紧密相关的时候，人们的意愿度、投入度和贡献度会更高。意愿是一股强大又隐形的动力，驱动着工作坊朝着终点的方向前进。同时，这并不意味着一切都是自然发生的，在工作坊开始前，引导师就需要借助会议通知激发大家的意愿，并召集与主题、内容、目标产出和决议相关的参与者加入。到了现场，引导师也需要继续激发和管理参与者的意愿度、参与者在目标达成过程中的投入度和贡献度。

思考题：

（1）引导师有哪些常见的方式去激发参与者的意愿度？

（2）当参与者在工作坊现场表现出疲态时，是否意味着人们的意愿度下降了?

（3）在让参与者保持高意愿度的路上，引导师可能会遇到哪些“拦路虎”？

人们已经具备足够的资源和资源整合能力

与工作坊主题和目标相关的利益关系者来到工作坊后，引导师应相信参与者具备了足够的资源（知识、技能、数据信息等）达成本次工作坊的目标。从一定程度上说，工作坊的全程一定程度上就是资源发现、资源连接和资源运用的过程。引导师想方设法让参与者放弃顾虑，自觉、自主、自动地贡献自己的资源，同时鼓励大家连接资源、整合资源、创造新的资源。当然，巧妇难为无米之炊，如果在工作坊开始前引导师发现参与者还需要投入必要的资源，引导师也会与发起人沟通协调，确保能够整合最佳的资源（人或资料）来到现场。

思考题：

（1）如何理解这里的“资源”一词?

（2）引导师在挖掘群体资源时，一般都会使用哪些方式?

（3）引导师如何帮助参与者整合相互之间的资源?

创造性的过程让目标达成更容易

引导师可以让参与者达成目标的过程更加容易，这是引导师的职责和使命所在。为此，引导师需要相信流程的力量，也需要了解和掌握经典实战的引导流程和引导技术，同时，更要善于洞察人性和观察群体动力，依据不同的情境，照顾到不同的参与者，创造性地设计路线，让“游客”省时、省力、愉悦地爬到山顶。

思考题：

（1）参与者惯用某一个解决问题的流程会有什么优势和劣势?

（2）引导师在创造性地设计流程时，原因和目的分别是什么?

（3）引导师在创造性地设计流程时，可能有哪些注意事项?

意愿×资源×创造性过程=好的结果

在超越发起人和参与者期望的过程中，引导师就像一位掌握了魔法的禅师，让参与者的意愿、资源和过程发生神奇的变化，这一过程如同石头汤的故事，意愿的提升带动了资源的贡献，从未料到的对话过程随之而来，又带动了意愿的提升和资源的投入，最终让石头汤变得美味无比，村民们的关系变得更亲密，从而又引发了新一轮的资源贡献。优秀的引导师是一位统筹兼顾的系统大师。

思考题：

（1）在引导公式中，为何选择乘号而不是加号?

（2）为了取得好的成果，你面对的工作坊最需要强化哪一块?

（3）为什么说引导师是统筹兼顾的系统大师?

第 5 章

工作坊的原理

案例

如何将传统培训转化为“引导 + 培训”型工作坊

今天给大家分享一个“引导 + 培训”的项目设计实践，该项目为文化内训师培训项目，持续时间五天，有三个重要背景信息。

（1）新老板上任后，对文化主题进行了升级，理念体系刚确定，尚未正式发布。

（2）学员经过培训，很可能要在各自的单位和部门开展文化宣讲，宣贯任务要求尚未明确下达。

（3）文化内训师从各单位和部门选调大约 40 人，这些人有的经历过多次培训技能训练，有的是第一次参加，年龄、水平等层次不一。

传统设计思路 1：围绕培训内容反复训练

以最终宣讲场景为始，解读 + 理解 + 设计课件 + 制作课件 + 课件试讲 + 点评 + 再来。这类训练的优势在于产出质量不错，内训技能也会有所提升，问题在于太折磨人，不适合这个群体的体验目标，容易造 成对立和“下次拜拜”局面。

传统设计思路 2：围绕内训师的技能反复训练

以内训师通用的技能为主体，带动内容学习，如“5 分钟设计 +5

分钟试讲”“15 分钟设计 +15 分钟试讲”等。这类行为主义教学的优势在于内训师宣讲技能有较大提升，问题在于乏味，学员基础不一样，容易让学员有被 PK 掉的感觉，现场体验不好。

假如你是引导师，除了以上两种思路，你还会如何设计呢？

引导师需要应对的三个典型挑战

（1）如何让大家真正参与进来（这是职业引导师的专长）。

（2）如何照顾到所有人，让有不同需求的人都有收获，如上过 TTT 课程的人、已被宣贯多次的人、对宣讲任务还有担忧的人（促进对话和相互学习也是职业引导师擅长的）。

（3）如何让大家既有学习任务，又不会压力太大（兼顾焦点目标和 体验目标，工作坊设计面临的典型挑战）。

经过与项目小组的沟通，确定了以下设计思路。实践过后，学员的参与度、学习体验、现场产出和个人成长都超越了很多人的期望，项目小组也 收获了发起人、组织者和参与者的高度评价。

（1）角色分工：一位老师做纯引导师，负责全过程；另一位老师担当内容专家，两人共同服务学员。内容 + 过程＝好的结果。

（2）宣贯方式：针对不同学员的特点展示不同的宣贯方式，如纯讲授模式、纯引导模式、引导 + 分享模式等，这样的好处在于给予大家更多选择，尤其是不同层次和不同场景的人，大家学习起来也有更多灵活性。

（3）学习内容：采取循序渐进的方式，让大家多维度地了解文化宣贯，自学文化内容 + 专家解读 + 理解内容 + 设计大纲。还有，现场运用引导技术研讨的主题不仅是大家需要的，也是大家回去后宣讲对象关心的。

（4）技能提升：体验不同宣贯方式 + 设计大纲 + 试讲练习 + 情境演练。试讲环节采取自愿原则，情境演练采取小组方式，确保符合体验目标和轻松的学习氛围，“引导培训”的具体项目设计示例如表 5.1 所示。

表 5.1 “引导培训”的具体项目设计示例

设计模块	时间	设计思考	备注
企业文化鱼缸式对话	第一天下午	激活旧知，预热，让新人对企业文化和宣贯有基础认知	专业引导
卓越文化大使式学习	第二天上午	自学新的文化手册，相互分享各自的理解	引导
内容专家解读卓越文化	第二天上午	让大家对卓越文化形成系统性认识	培训
卓越文化咖啡式汇谈	第二天下午	理解之后，让大家开始思考如何开展文化宣贯	引导
卓越文化宣讲大纲	第三天上午	光理解还不够，还要将前期所学和理解转化为应用	专业引导
卓越文化试讲	第三天下午	讲出来加深理解，并借助试讲提升信心	引导
卓越文化宣贯情境演练	第四天上午	难度加大，结合真实的场景，创造性地应用	培训设计 + 引导

想一想

与传统培训的两个设计思路相比，“引导＋培训”型工作坊的设计思路有何差异？在整个过程中，引导展现的价值有哪些？这一切又是如何发生的？

工作坊是如何让现场发生改变的？工作坊背后的神奇力量是什么？很多引导师都从不同的维度如积极心理学、团队动力学等进行了各自的解读。为了让大家理解起来更加容易，我结合自己的实践经历，总结和提炼了以下五个原理，方便大家理解和应用，如图 5.1 所示。

1. 空间与场域的变化引发不一样的表现

2. 角色与关系的转换激发参与动力

3. 注意力与关注点的调整唤起更多的资源

4. 提问与对话激发人们的更佳表现

5. 激情与责任感的唤醒驱动人们敢于面对挑战

图 5.1　工作坊设计的五个原理

空间与场域的变化引发不一样的表现

人们的表现有很强的灵活性和弹性，生存环境和生存结构不同，人们的行为表现也不同。基于生存发展的习性，人们来到一个新的环境后，往往选择先感受和适应，再综合考虑是否去突破和创造。

工作坊的场域不同于传统培训和传统会议的场域，无论是物理空间还是人际互动空间，差异和新奇诱使人们进入和探索这种新的场域；工作坊也不同于日常的工作场域，在新的参与规则的影响下，人们的想法表达、倾听交流、决策担责等行为都在悄然发生变化。

工作坊贡献了一个特殊的可以持续对话和深度对话的空间，参与者的表现和引导师的支持让这一空间变得可塑和流动。

原理体现：

（1）工作坊拒绝“排排坐”的传统会议形式和办公桌工位的形式，要么采取分组岛式布局，要么采取 U 形布局，要么采取全场圆圈布局，旨在让参与者能够更安全、更平等和更轻松地开展对话。

（2）工作坊现场一般都会精心布置，如彩色的欢迎海报、清晰的会议流程和共创的会议规则。除此之外，还有轻松的音乐，引导师自己也会保持微笑，并使用真诚、平等和友好的语言。

角色与关系的转换激发参与动力

工作坊的参与者既保持原来的角色，又被赋予新的角色。例如，工作中的执行者来到工作坊后要参与决策，提供服务的角色来到工作坊后要感受被服务的过程。这种角色的变化，让参与者不仅更有同理心，也更有意愿面对问题和做出改善。

工作坊的参与者之间的互动关系不是一成不变的。例如，指责者体验了被指责者的感受后，要呈现和感受两者的互动关系，并体验关系互换后的新型关系——站在第三视角、外部视角或系统位置的新型关系。

角色与关系的转换不仅可以让工作坊的形式更加多样，让参与者觉得更有趣，还可以为参与者做出改变储备信息、增加动力，这也是工作坊引导师的重要手段。

原理体现：

（1）在目标分解工作坊中，如果每个部门和团队都固守自己的角色和职责，那么组织更高、更大的目标就会缺乏支撑，而如果大家都暂时先放弃角色的限定，从目标达成的需要出发去思考，就会有更多支持目标达成的想法被鼓励和产出。

（2）在新老员工融合工作坊中，如果将两者的关系定义为新员工必须向老员工学习，则工作坊往往只能成功一半；而如果将两者的关系定义为互有所求、相互学习、协同前进，则工作坊的效率和效果会更好。

注意力与关注点的调整唤起更多的资源

工作坊引导师不断调整参与者的注意力与关注点。例如，引导师会让参与者不再把注意力放在问题本身，而是放在自己已有的优势或已有的资源上。工作坊引导师既可以让参与者更聚焦主题和目标，也可以让参与者暂时偏离主题而关注当下的感受。引导师还会让参与者调整过往先入为主的评判和怀疑、批评等行为习惯，让人们相互之间更关注优势、成长、未来、如何做好等，让人们的互动更多地采用欣赏、探寻、连接、赞美等方式，以此让更多的资源涌现出来。

原理体现：

（1）在复盘工作坊中，普通的老师与有经验的引导师相比，差距不在复盘的流程上，而是在复盘反思的问句设计上。后者不仅会让大家进行更深层次的反思觉察，还会让大家进行更多维度和角度的思考，更会让大家从过往的实践中总结萃取经验，让团队经历新一轮的成长。

（2）在经验萃取工作坊中，引导师不仅可以让大家关注过往的问题，察觉待改善点，还可以转用面向未来的积极问句，引导大家关注已经获得的收获、启发和价值，这一关注点的调整有助于调动大家的能量，避免掉入自我防御机制的陷阱。

提问与对话激发人们的更佳表现

与教练类似，工作坊引导师是提出好问题的高手，同时也是营造对话空间的高手。与教练稍有不同的是，引导师更关注组织问题，更擅长发掘和筛选值得研讨的关键议题。引导师更多的提问是为了诱发人们深入思考、深入探究，并让人们自己成为问题的发现者和解决者。同时，引导师不是唯一的问题创设者，除了联合发起人找到关键问题，引导师还会让更多的参与者成为问题探索的主人。

对话是工作坊的主流，对话的目的是让更多人的想法和感受被看见，并凝聚形成具有包容性、共识性的决议。引导师鼓励人们相互倾听，有序地对话，并借助一些对话的工具和形式，让人们从对话中看到彼此、反思觉察和收获成长。

原理体现：

（1）在需求探寻环节，与传统的咨询顾问不同，引导师不会直接提出自己的分析和结论，而是与发起人共同商议在工作坊中讨论哪些关键议题更有助于解决问题和达成共识。同时，面对发起人的关键议题，引导师也会好奇地探寻这些议题的逻辑关系和先后顺序，以进一步理解发起人的深层次诉求。

（2）在面对参与者的不同观点时，与传统培训师刻意追求秩序和控场不同，引导师会让参与者更清晰地阐述自己的观点和背后的考虑及需要等，并引导大家相互倾听，发现观点背后的共同点和差异点。引导师不会偏袒某一方，也不会将自己的观点强加给大家，更不会将自己的判断当作大家应该认同的结论。

激情与责任感的唤醒驱动人们敢于面对挑战

面对有挑战的问题，临阵退缩不应是参与者的集体表现，工作坊引导师懂得发起人和参与者的担心和恐惧，并能带领大家摆脱这些负面情绪。优秀的引导师兼具理性和感性，理性的强大之处在于推动参与者聚焦目标、完成使命，感性的强大之处在于推动参与者在目标面前踌躇满志、信心充足。引导师与发起人共同创设不同的情境和画面，让参与者浸入其中，发起人情感的抒发、参与者心声的被尊重及彼此感同身受的反馈，合力营造出了富有责任感和使命感、积极应对挑战的气场。

原理体现：

（1）在文化共创工作坊中，引导师带领大家回顾组织创业历程，目的之一就是唤起大家的激情，让大家重温拼搏的精神和奋斗的意志，从而对当下的挑战和未来更有信心和力量。

（2）在战略解码工作坊中，面对战略重点和关键战役，引导师总是先让参与者主动认领和组合，认领过后也会让团队继续思考如何细化关键行动，还会让大家从自我发展的角度，补充自己想要的关键结果。

第 6 章

工作坊的设计

纯引导工作坊案例1

共创式战略分解工作坊

某上市公司下属单位计划开展两天的战略分解工作坊，发起人希望今年的分解会能够变成参与式和共创式的沟通研讨会，而不是讨价还价的争吵会。会议希望明确各经营单元能够支持来年经营业绩的关键任务。会前，发起人与引导师沟通确定了本次会议的四项议题，围绕分析当前的态势、如何开拓市场、降低成本、寻找创新点这四点开展研讨；同时，与几位经营单元负责人或参与者沟通后，引导师了解到参与者希望借助此次会议明确一些之前尚无定论的事情，学习其他人的创新做法，以及明确来年的工作计划。

假如你接到这个需求，你会如何设计两天的工作坊模块？如何才能得到发起人想要的产出？如何才能实现参与者的期望？如何才能让工作坊的参与度、沟通氛围等变得轻松、舒服？又如何才能确保两天的产出有效落地？

“引导＋培训”工作坊案例2

让管理者开好研讨会

某客户为外资制造型企业，某场为期两天的工作坊的发起人为该企业的人力资源总监。她最近学习了引导技术，感觉很实用，并且曾经用引导技术主持了一次内部会议，大家的反馈很不错，于是她邀请引导师开展一次如何让管理者开好研讨会的工作坊。参与者为各部门的管理者，各自管理的员工 5~20 人不等。

典型问题和表现：

（1）会议中的问题描述不清楚，尤其是会议召集人资料准备不足。

（2）内部未经讨论的问题临时拿到会议中讨论，老板无法在备选方案中选择。

（3）部门负责人基于部门考核指标，经常因为决策风险和影响无法达成一致意见，结果交给老板做决策，但决议后续推进困难……

假如你接到这个需求，你会如何设计两天的工作坊？依据你的经验和判断，造成以上典型问题和表现的原因有哪些？

工作坊的关键服务对象

工作坊的目标是什么？现场哪些议题需要大家研讨？关于会议的哪些内

容知识需要输入？哪些引导工具和方法更符合参与者的应用场景？在引导过程中如何平衡参与、学习和产出？最好可以得到哪些关键成果产出？如何衡量本次工作坊的成败？……

工作坊的关键服务对象

综合本章开篇的两个案例，可以发现，站在引导师的视角，一场工作坊要面对的关键服务对象主要有三个，即发起人、组织者和参与者。

发起人

如果是一场培训，则发起人就是培训的买单人，发起人是课程真正的邀请者，往往也是课程内容的重要贡献者。发起人拥有判定课程实施是否成功的权力。如果是一场会议，则发起人就是会议主题的发起人、会议议题的重要贡献者、会议核心目标的设定者，发起人也往往需要参与会议，拥有判定会议内容质量和会议最终是否成功的权力。发起人往往是不同层级的“老板”。

组织者

如果是一场培训，组织者往往就是企业中的培训人员或人力部门，组织者会依据发起人的要求和自己的经验判断，邀请课程实施者。组织者在成果交付前、中、后期扮演沟通和协调的角色，并依据发起人或参与者的满意度来判定课程实施是否成功。如果是一场会议，组织者往往是由发起人指定的、与会议主题相关的人员，一般来说，谁是组织者，谁就负责拟订通知和发通知。会议组织者是确保会议按照预定的目标顺利进行的重要角色，也会根据需要参与会议内容贡献，但一般不是最关键的内容贡献者。组织者也可能是没有能力、没有意愿或没有权限参与会议内容贡献，只为会议提供行政后勤支持保障的会务人员。

参与者

如果是一场培训，参与者就是课程的重要服务对象，也就是我们常说的“学员”，在互动式课程中，学员的贡献是课程的重要内容，学员的参与程度及是否满意直接决定了课程效果。如果是一场会议，参与者往往就是与会议主题、内容与目标产出息息相关的、被邀请进来的人员。一旦进入会场，发起人和组织者除各自的角色外，也变成了现场的参与者，这一点也是引导师需要特别关注的。

另外，在一场培训或会议中，引导师还涉及与主持人、记录员、班主任、小组长、宣传报道人员等的沟通协作。例如，主持人会帮助引导师承担一部分热场和串场的工作；记录员会根据发起人或组织者的要求，记录现场的关键内容，并将汇总纪要发给全体参与者；班主任一般由组织者承担，或者指定关键参与者承担，负责班级管理、安全管理和秩序管理等事宜；小组长可由组织者与引导师提前在参与者中商定，也可在现场的参与者中让大家商议确定；宣传报道人员一般由专职人员或组织者、记录员担当，负责活动后续报道。

引导师自身的角色

无论是培训还是会议，一旦确定以工作坊的形式进行，引导师就需要从发起人、组织者、参与者等角色中跳脱出来，成为单独的角色，从而成为培训满意与否或会议成功与否的关键角色。引导师扮演的角色至少有三个：一是发起人意图的贯彻者和调节者，并平衡发起人和参与者的需要；二是现场学习的构建师，激活旧知或输入新知，带领大家开展意义学习，从活动中收获他人的经验、技能方法或反思和觉察；三是过程引导师，激发大家的参与度和创造力，带领大家研讨关键议题，拿到目标产出，并推动过程共识与结果共识的达成。

工作坊行进路线图

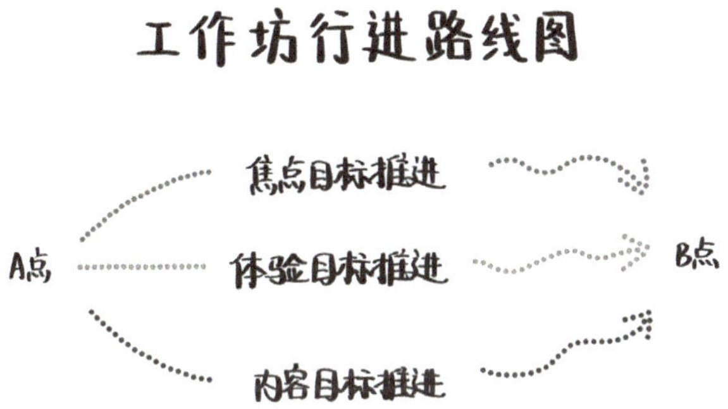

焦点目标和体验目标

发起人是否满意是一场工作坊成功与否的首要标志，参与者是否满意是一场工作坊成功程度的标志，优秀的引导师会让发起人和参与者都满意。我们这样定义的目的在于提示引导师抓住关键人物和聚焦重点主题，而不是让大家认为发起人和参与者的诉求是对立的。

焦点目标一般由发起人提出，体验目标一般对应参与者的期望和需求。有时发起人提出的目标刚好也是参与者想达到的目标；有时发起人提出的目标是参与者不愿意达到的目标（压力大等），甚至发起人提出的焦点目标与参与者的体验目标是有冲突的。

焦点目标不一定只站在发起人的角度考虑。当参与者是否满意某场工作坊成为发起人判定这场工作坊是否成功的关键影响要素时，参与者的期望和需求上升为焦点目标，成为引导师的首要关注点。

对应工作坊行进路线图和工作坊成功与否的判定标志，焦点目标是工作坊首先要实现的目标，是主目标，引导师需要首先关注焦点目标，焦点目标达不成，意味着工作坊失败；体验目标是工作坊的次目标，引导师需要重点关注体验目标，体验目标达不成，意味着工作坊不够成功。

内容目标

为何会有内容目标呢？这可能源于引导师对一场工作坊的主题和目标拥有自己的经验；或者源于引导师对参与者资源分析的结果，即为了达成焦点目标，必须输入一定的内容（知识、技能、工具和方法）；抑或是发起人、组织者和参与者任何一方坚持认为需要输入一些内容。

无论是纯引导型工作坊还是“引导 + 培训”型工作坊，内容目标所涉及的内容主要包括四种：一是旨在提升研讨效率的研讨工具，如发散震荡收敛的钻石研讨模型；二是旨在使产出更符合需要的产出工具，如事先给出的行动计划表格；三是旨在让产出质量更高的标杆案例，如其他同行公司的经验分享；四是能启发参与者理解概念差异或开启想象力的隐喻故事。

焦点目标、体验目标和内容目标之间的关系

传统培训师擅长应对内容目标和参与者体验目标一致的局面。随着发起人和参与者的觉醒和“引导 + 培训”型工作坊替代传统培训成为主流交付形式，拥有兼顾焦点目标、体验目标和内容目标三条线能力的引导师将成为客户眼中的“香饽饽”。

在纯引导型工作坊中，引导师面临的挑战是既要推进焦点目标，又要推进体验目标，不管发起人有没有在场，优秀的引导师脑海中都应该时刻牢记

本场工作坊中发起人想要达到的目标。

当发起人想要实现的目标也是参与者想要实现的目标时，引导师面临的引导压力似乎会小一些，因为此时双方的焦点目标是趋同的，或者说参与者的某些体验目标（期望的收获）会上升为引导师首要关注的焦点目标。此时，让参与者满意变得至关重要，因为这决定了本场工作坊发起人是否满意。

当发起人想要实现的目标与参与者想要实现的目标差异很大时，如发起人期望引导师到达山顶，而参与者只希望到达山腰，此时引导师既需要兼顾双方的目标，又要平衡各自的需求，这一挑战既是传统培训师和教练无力应对的，也是非引导者不可的，并能验证引导师的引导功力是否深厚。

在“引导＋培训”型工作坊中，引导师面临的挑战更多一些、更大一些，引导师需要同时兼顾焦点目标、体验目标和内容目标三条线，任何一条线的缺失都可能导致工作坊不够成功。

引导师需要兼顾发起人的满意度和参与者的满意度。引导师的精力分配取决于发起人和参与者需求之间的关系，依据两者的关系灵活调整引导和培训的策略（如时间分布），如表 6.1 所示。

表 6.1　依据发起人和参与者需求之间的关系调整引导和培训的策略

级别	解释	假设	示例	应对建议
相关度 1	发起人满意即可，参与者不满意也正常	参与者是工具	拿出方案就可以了	努力带动大家到达山顶，让爬山过程更轻松
相关度 2	参与者满意与否影响发起人满意与否	参与者是红人	不仅方案要拿出来，还需要大家具备执行的能力啊	在爬山过程中始终回应大家的情绪和需要
相关度 3	参与者满意，发起人就满意	参与者是主宰	大家学到东西就可以了	带着大家享受爬山的过程

工作坊设计的内容

到了这里，让我们重新思考这个问题：工作坊设计，设计的到底是什么呢？

简单来说，工作坊设计的核心内容就是一套适用的流程、过程或旅程。复杂点说，工作坊设计的是引导师支持参与者和发起人一道达成焦点目标的过程；设计的是A点与B点之间焦点目标、体验目标和内容目标三线推进的过程；设计的是集体如何分析和解决组织问题并拿到成果的过程；设计的是众人想法发散—震荡—收敛—达成共识的过程；设计的是将个人智慧、群体智慧与集体智慧汇聚合力的过程；设计的是群体开展有意义、有节奏、有深度对话的过程；设计的是参与者之间相互启发、相互学习、共同成长的过程；设计的是突破以往的问题解决思路，创造性地达成目标的过程；设计的是让参与者参与前后发生认知转变和行为转变的过程；设计的是团队从同而不和到和而不同的不断融合的过程。

工作坊设计的挑战

在设计工作坊时，引导师面临五个典型的挑战，一是如何把握发起人的需求和管理发起人的期望；二是如何确定关键议题，明确工作坊定位和焦点目标；三是如何满足参与者的体验需要，兼顾其体力和精力能量；四是如何让议题、内容和流程支持工作坊整体目标的达成；五是如何架构工作坊流程逻辑和做好时间分布。

第7章

专业引导师与工作坊引导师

IAF认证职业引导师六项核心技能

我在2015年亚洲引导师大会期间考取了IAF（www.iaf-world.org）的认证专业引导师（Certified Professional Facilitator，CPF）资格，IAF的CPF前辈们和六项核心技能一直指导和激励着我不断提升自我，让我在整个成长过程中受益良多。不管要不要考取CPF，有没有考过CPF，我都建议引导师将CPF的六项核心技能作为纯粹引导技能成长和自我水平检测的重要工具。以下内容翻译来源于IAF网站。

IAF 认证职业引导师的六项核心技能
A. 创建合作式客户关系
A1）发展工作伙伴关系（澄清彼此的承诺，发展关于工作任务、交付物、角色和责任的共识，展示出协作的价值观和共同引导的流程）
A2）为满足客户需求设计和定制实施方案（分析组织环境，诊断客户需求，创建合适的设计，与客户提前约定产出物）
A3）有效地管理多环节的活动（确定合约，制订活动计划，成功实施引导活动，评估客户满意度）

B. 规划适当的团队引导过程
B1）选择清晰的方法和过程，以促进开放的参与，并尊重客户的文化、规则和参与者多样性，吸引不同学习或思考风格的人参与，实现满足客户需求的高质量成果产出
B2）规划时间，准备物理空间，营造有效的氛围，安排好流程，以支持团队引导过程
C. 创造并保持参与的氛围
C1）展示有效的参与和人际沟通技巧
C2）尊重和认可多样性，确保包容性
C3）管理团队冲突
C4）唤起团队的创造力
D. 引导团队获得适合且有用的结果
D1）用清晰的方法和过程引导团队
D2）引导团队对任务的自我认知
D3）引导团队达成一致和期望的结果
E. 建立和保持专业的知识
E1）保持一定的知识
E2）懂得一系列引导方法
E3）保持专业水平
F. 塑造积极的职业态度
F1）实践自我评价和自我认知
F2）行为诚实正直
F3）相信团队的潜能，塑造中立态度

CTF认证专业引导师的四项核心素质

由于目前 CPF 考试认证要求高、认证过程复杂且认证费用太高，很多人学习引导课程两年后仍然没有机会和经济实力去参加认证。为了让初学者能够见证自身纯粹引导技能的提升，同时检验个人的引导水平，结合 AF 引导规律® 课程和 AF 课程引导伙伴的学习成长过程，我发起了 CTF 认证项目。CTF 认证专业引导师所应具备的四项核心素质如下。

创建合作关系

（1）积极了解发起人的意图，能够绘制发起人同理心地图和工作坊前因后果图。

（2）努力了解参与者的期望、学习风格和团队发展阶段，能够绘制参与者同理心地图和参与者关系图。

（3）将发起人的需求和参与者的期望进行综合，能够绘制完整的工作坊需求确认表和参与者应用场景表。

开展工作坊设计

（1）依据工作坊行进路线图，兼顾焦点目标和体验目标。

（2）列出工作坊关键议题，并合理确定议题的顺序和时间分布。

（3）依据目标产出的需要，请求或要求客户调配必要的资源。

（4）综合运用“凌波五步”和常用的引导工具，与客户合作设计，提交清晰、完整的工作坊设计方案。

显现引导理念

（1）始终相信群体的智慧、对话的力量和引导师的价值。

（2）激发参与意愿，鼓励参与者贡献资源、面对挑战和团队协作。

（3）推动参与者想法的连接、整合和再创造，推动共识的达成。

（4）引导和管理参与者的关注度，持续激发参与者的创造力和群体潜能，让个体和团队看到参加工作坊后的积极变化。

（5）遇到挑战和困境时，运用 REST 模型巧妙处理冲突。

（6）推动参与者之间的人际连接、深度对话和团队融合。

发展引导技能

（1）积极开展练习和实践，在实践中发展自己的引导技能。

（2）积极获取客户反馈，自我总结反思，与同行交流、分享。

（3）跟踪工作坊成果落地，推动引导技术成为客户工作习惯。

CWF工作坊引导师的五项胜任素质

与很多机构刻意强调引导与培训之间的区别不同，2016 年引导规律研究院推出的 CWF 工作坊引导师认证项目，旨在让引导师能够胜任更多的引导场景，适应客户和参与者对引导师的更高技能和更多期望的诉求，也旨在让更多的培训师和内训师看到引导与培训的异曲同工之处。

如果说 CTF 认证专业引导师能够基本胜任纯引导型工作坊，那么要想胜任“引导 + 培训”型工作坊的引导工作，则还需要至少掌握三项必要的培训技能（内容储备、教学设计、现场演绎），实现培训与引导的融会贯通。因此，可以说，CWF 工作坊引导师的综合技能要求高于 CTF 认证专业引导师。CWF 工作坊引导师五项胜任素质如图 7.1 所示。

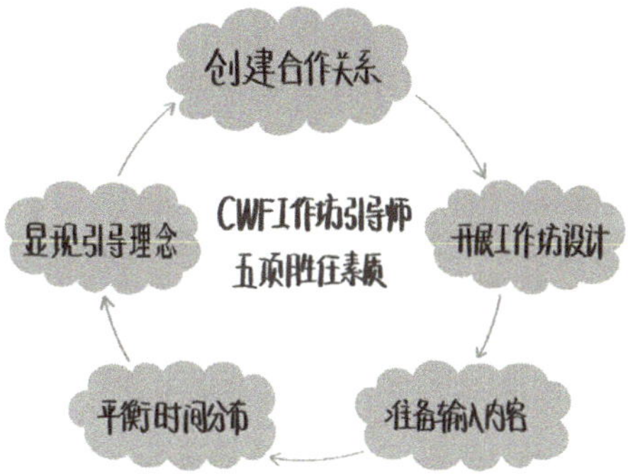

图 7.1　CWF 工作坊引导师五项胜任素质

创建合作关系

（1）积极了解发起人的意图，能够绘制发起人同理心地图和工作坊前因后果图。

（2）努力了解参与者的期望、学习风格和团队发展阶段，能够绘制参与者同理心地图和参与者关系图。

（3）将发起人的需求和参与者的期望进行综合，能够绘制完整的工作坊需求确认表和参与者应用场景表。

（4）塑造积极、自信、专业的引导师形象，给予发起人和参与者以真诚和值得信任的感觉。

（5）自始至终展现引导师的支持、协助和服务的工作特性，努力为客户创造更多、更大、更持续的价值。

开展工作坊设计

（1）依据工作坊行进路线图明确焦点目标、体验目标和内容目标。

（2）能够运用“凌波五步”列出并筛选出工作坊的关键议题，合理确定议题的顺序和时间分布。

（3）依据目标产出的需要，请求或要求客户调配必要的资源，或者努力激发现场的资源。

（4）综合运用常用的培训流程、引导流程等，设计逻辑清晰、体验顺畅的流程。

（5）将客户发起人、组织者和内部引导师纳入方案设计与完善团队中，尽力达成方案共识。

准备输入内容

（1）依据工作坊开始前的调研，预估参与者解决问题需要的输入内容，并评估输入内容所需要的时间。

（2）在准备输入内容时，能够厘清输入重点，并参照黄金圈法则准备好课件内容。

（3）内容输入按照由简单到复杂、由浅显到深刻、由理解到应用的学习规律和成人学习原理循序渐进。

（4）为了兼顾体验目标和内容目标，在现场鼓励参与者发表观点、补充完善、共同创造内容。

（5）当参与者对某些课程内容有需求时，能够灵活调整内容输入的顺序，照顾参与者的体验目标。

平衡时间分布

（1）在一场工作坊中，学员参与式学习的时间不低于 50%；老师纯讲授时间整体上不宜超过 40%，对某一学习模块的纯讲授时间不宜超过 30%，连续讲授时间不宜超过 30 分钟（以上数据仅供参考）。

（2）在整场工作坊中，对发起人或参与者关心的真实且未解决的问题的研讨时间应不低于整体时间的 30%（以上数据仅供参考）。

（3）依据焦点目标、体验目标和工作坊定位等安排工作坊的流程，借力和管理参与者的群体能量，引导和调控能量水平。

（4）依据工作坊定位和参与者群体特征等，合理安排参与者的休闲时间、休闲方式和休闲频率。

（5）在时间有冲突时，注意倾听发起人的意见，照顾参与者的体验和能量，努力与大家协商，达成共识。

显现引导理念

（1）激发参与者的学习热情、成就感，内容输入一般放在学员参与和贡献之后，且秉持“是的……而且”论述，不否定前期学习内容；借助结构化群体研讨工具和对话形式，让参与者更轻松地学习。

（2）鼓励参与者贡献智慧，分享经验，创新地解决问题；让参与者在流程 指引、工具辅助和资源支持下，更快地找到解决问题的方案。

（3）更多地采用提问和参与者之间进行互动的方式（而非一对一和一对多的问句），鼓励参与者开展学习和创造；遇到挑战和困境时，鼓励参与者自己商讨应对方案，不采取压制和控制的方式。

（4）牢记发起人和参与者的期望和目标，推进最终目标的达成；适时抓住学习机会，从内容和过程两个维度让参与者获得新的收获。

（5）持续学习和创新引导技术，修炼引导师状态®，实现培训状态和引导状态的无痕切换。

说明：

要申请成为引导规律研究院（www.yindaojishu.org）认证的 CWF 工作坊引导师，需要累积 48 小时的专业培训与引导刻意练习（其中，专业引导技术的学习不得少于 36 小时），并按照要求提交 3 个工作坊设计案例实践（担任主设计和主带领），或者经现场专业测试评审，证明已经具备五项核心素质。感兴趣的伙伴请添加微信 linshiran008，或者致信 405242508@qq.com，获取详细的认证流程和资料。

案例分享

如何兼顾推进发起人、参与者和内容三条线

假设你是一名引导师，你已经与参与者达成共识，下午学习两个知识点，而老板突然临时加了一项工作任务，并提出下午帮助解决某个当下真实且重要的问题，此刻你会如何应对？

假如你表示接受，很可能完全打乱授课进度，而且这个问题能否解决、需要花费多少时间都是未知的，万一问题解决不好，你的工作就会直接宣告失败。

假如你表示不接受，老板很可能觉得你的课程更多的是纸上谈兵，更重要的是，他会时刻关注自己的问题，学习起来心不在焉，而且很容易让培训课堂变成工作现场讨论会。参与者会在老板和引导师之间艰难地抉择，引导效果很可能大打折扣。

引导师如何摆脱这种困境甚至化危机为机遇呢？

下面我将分享自己亲身经历（作为引导师）的一个案例（课程主题是魔力工具箱©），供大家参考。

第一步：从内心接纳这个挑战

将困境当作一次挑战、一次突破自己的好机会，先让自己平静下

来，急躁解决不了任何问题。是的，而且你要允许自己接受挑战，鼓励自己相信接下来发生的将是奇迹。

第二步：争取设计时间

时间太紧急，没有设计就没有发言权。当时，我先带领大家回顾了上午的一个工具方法，然后带领大家做了一次实战练习，从而争取了 10 分钟的设计思考时间。

第三步：了解参与者的学习意向

任何时候都要给大家选择的机会，而不是自作主张（引导师的角色使然）。我在现场了解了大家对两个引导工具（世界咖啡与亲和图 2.0）的熟悉程度和学习倾向，了解到大家更希望先学习亲和图 2.0（团队共创）。当然，如果老板提出的议题更适合世界咖啡，我会做一些干预。

第四步：带领参与者研讨老板的议题

反复明确主题、目标之后，运用亲和图 2.0，厘清主题，头脑风暴，想法震荡，想法收敛，检查共识度……完成这一系列步骤后，老板终于舒眉了。引导师必须坚定地相信引导的力量，相信群体的智慧，尤其是在自己担心和恐惧的时候。

此时，好消息是大家已经亲自体验了亲和图共创的过程，不好的消息是时间已经过去了一大半，亲和图 2.0 还没有学习，世界咖啡也完全没有开始。只能二选一。

第五步：运用世界咖啡回顾学习

凭借着亲和图 2.0 和世界咖啡可以反复组合的经验（熟悉工具是前提和基础），我临时决定运用世界咖啡的方式来回顾学习亲和图 2.0，并临时设计了三轮问题。

第六步：回顾学习世界咖啡

一层套一层，如同《盗梦空间》里的情节，引导师是既可以浸入又可以清醒的那个人。从世界咖啡的内容中跳出来，回顾世界咖啡的操作流程和注意事项。

需求把脉篇

第 8 章

把脉发起人需求

工作坊开始前的工作流程

如图 8.1 所示的流程是工作坊开始前的工作流程，看起来似乎很复杂。

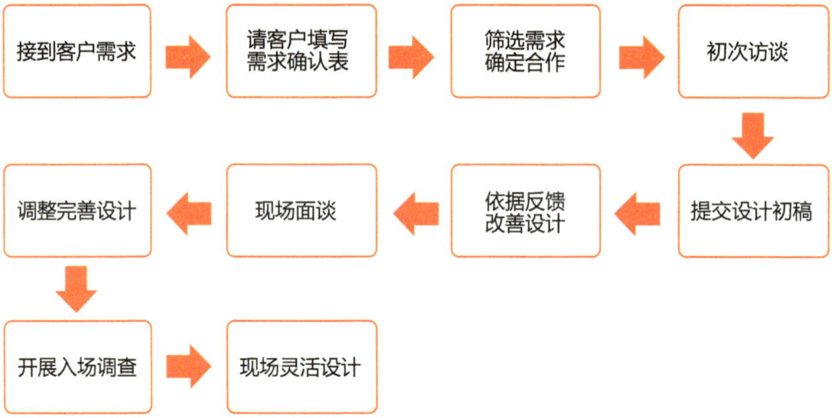

图 8.1　工作坊开始前的工作流程

通过与同行交流，大家的共识就是工作坊的失利一大半都是因为前期需求没有搞清楚，而不是因为引导工具没有操作正确，这可能跟粗心大意有关，跟“复制经验”有关。为了确保每场工作坊的成功，严格的流程控制是精准地摸清客户需求的保障。

谁是真正的发起人

按照工作坊行进路线图，我们先从找到发起人开始。“客户”一词是比较笼统的说法。在前面，我们已经区分了发起人和组织者两个角色。判定谁是发起人，第一个指标是看谁能判定一场工作坊成功与否。当这个指标不好判断时，就用第二个指标，看一场工作坊失利后谁最痛苦（受到的影响最大）。之后，推荐组织者找到真正的发起人，了解对方的需求。

职业引导师不会臆测发起人的需求和期望，也不会选择道听途说。绝大部分情况下，职业引导师与发起人面谈五分钟所获得的信息，比和组织者一起猜半天更有价值和成效。

同时，依据发起人的判定标志、发起人满意和参与者满意的关系，以及焦点目标的内容和数量，有时一场工作坊会涉及几个发起人，这就需要依据两个指标确定其权重，以合理安排对工作坊中不同级别发起人所关注内容的精力和时间投入等。

引导师不仅需要找到真正的发起人，还需要获取发起人的相关信息，如图8.2所示。

工作坊发起人（大S）	**1. 公司市场位置** **2. 公司发展阶段** **3. 公司核心竞争力** **4. 公司的战略定位与目标** **5. 公司面临的主要问题或表现**

工作坊发起人（小S）	**1. 角色** **2. 困惑** **3. 期望**

图 8.2　了解发起人

首先，了解关于这个组织的基本信息，以便于“推敲”为何发起此次工作坊、主题选择的原因和参与者的可能状态等。这些信息有助于引导师快速给组织画像，尤其是当引导师不熟悉客户所在的行业和领域时。例如，基于引导师的常识，领先者公司多会选择创新，挑战者公司多会选择赶超标杆对象。

其次，了解具体的发起人的角色、困惑和期望。

工作坊授权级别

有时候我会用“狐假虎威”这个成语来隐喻引导师与发起人之间的关系，优秀的引导师会借助发起人的影响力来推动工作坊目标的达成，为此引导师需要关注发起人对工作坊的重视程度，想方设法地了解发起人对本场工作坊的赋权级别或授权程度，因为这不仅关系到发起人在本场工作坊中扮演的角色，关系到参与者的动力和压力，也关系到工作坊目标与合约的明确和达成。工作坊的授权级别可以分为三个档次。

高级别授权：发起人期望参与者能够完全承担本场工作坊成果的确认、决策和执行，发起人只需要做“甩手掌柜”即可。

中级别授权：发起人需要作为重要参与者，参与方向决策和重要信息贡献，发起人扮演“该出手时就出手”的“关键先生”角色。

低级别授权：发起人不仅需要作为参与者，还需要扮演引导师的角色。为了让参与者贡献出有价值的内容和得到目标产出，发起人要提出一些关键的问题，甚至给出一些提示。此时，发起人扮演助理引导师和团队教练的角色。

想一想

如何确认工作坊赋权级别呢？赋权级别对引导师的哪些工作会有影响？引导师分别需要提前做哪些准备工作？

工作坊主题与议题

区分话题、主题和议题

一场成功和优秀的引导，前提和基础是主题清楚明确。

德鲁克说过，最严重的错误，并非有错误的答案，而是问了错误的问题。爱因斯坦也说过，如果他只有一小时来解决某个问题，他会先花 55 分钟思考问题，再用最后 5 分钟思考解决方案。明确主题看起来简单，实则不易。如果主题不明确就开展研讨，往往会让对话偏离目标、效率低下，参会者也会抱怨，这是工作坊设计与引导的大忌。

首先，我们需要区分三个概念：话题、主题和议题。

话题。话题是一次对话的范围和边界，比较宽泛。例如，某公司要开年中总结会，那总结会具体讨论哪些内容呢？可能有一个大概的范围，总体上内容只要符合开会的这个时机和大家对年中总结会的期待即可。话题的好处在于它是对话的由头和起始点。有时候如果主题不好确定，可以先设定一个话题，大家聊着聊着说不定主题和议题就出来了。

主题。主题比较正式。例如，如何在一年内实现销售业绩翻倍？这件事情构成了本次对话或会议的主体和核心，如果这件事情不讨论清楚、得不到结果，本次会议很可能就是失败的。因此，确定主题是工作坊设计的前提工作。

议题。议题是支撑主题的细分的小主题。例如，为了让销售业绩翻倍，我们需要从开拓市场、发展新产品和改善销售模式等几个议题（角度）出发，分组开展研讨。议题是工作坊流程的来源，很多时候确定了议题，找准了其中的关系，工作坊的流程也就出来了。因此，确定关键议题也是工作坊设计中最有挑战的部分。

确定主题的规律

（1）主题越明确、越聚焦、越具体、越单一，研讨质量越高。

主题示例 A：

企业文化如何落地（劣）

企业价值观如何与业务工作结合（优）

主题示例 B：

战略规划、共识与目标分解工作坊（劣）

战略目标分解工作坊（优）

（2）好的主题 / 议题往往直指问题的核心与本质（节约研讨时间）。

主题示例 A：

培训部门如何让业务部门满意（劣）

培训如何真正支持业务（优）

主题示例 B：

人力资源与业务的关系（劣）

人力资源如何助推业务（优）

（3）主题可以以问句的方式呈现，包含目标，但最好不包含路径。

主题示例 A：

如何将微信粉丝转化为客户（优）

如何增加微信粉丝并转化为客户（劣）

主题示例 B:

如何借助直播宣传学习项目（优）

如何借助抖音直播宣传学习项目（劣）

（4）主题以问题的方式呈现时，给参与者的触动和刺激更大。

主题示例 A：

如何改变业务不支持培训研讨会（优）

让业务支持培训研讨会（劣）

主题示例 B：

如何改善团队凝聚力不足研讨会（优）

团队凝聚力研讨会（劣）

确定主题的五个注意事项

（1）工作坊的主题一般必须由发起人来确定，临时更换主题必须经由发起人同意，或者由参与者与发起人商议确定。

（2）在发起人不能确定主题时，引导师可以询问："如果现场只讨论一件事情，那是什么？"或者"本场工作坊您最想解决的问题是哪个？"或者"如果要在现场悬挂一个横幅，让大家清楚并聚焦于讨论，横幅上会写什么？"实在无法确定时，还可以让发起人进行二选一，或者干脆等待一下。

（3）工作坊主题及背景（为什么召开本场工作坊）需要提前通过会议通

知的方式告知参与者，在工作坊现场也需要发起人重申。

（4）到了工作坊现场，发起人和引导师重申主题之后，往往还需要参与者对主题进行理解与连接，尤其是当参与者与主题之间存在一定的认知距离和关联距离时。这个时候，就需要由引导师让参与者提出关于主题的问句，再由发起人进行澄清和解释。让参与者确定主题并与主题连接，是一个必不可少的对话过程。

（5）现场必须将主题公开张贴出来，并在研讨过程中反复强调，以减少跑题和偏题。

另外，还要注意到，有些工作坊发起人确定的公开的主题和真实的主题之间有一些差异，有时候公开的主题只是工作坊主题的主线，另一条主线或辅线不便同时公开，甚至有时候公开的主题只是一个载体和幌子（公开的主题其实是个话题，真正的主题被隐藏起来了），此时就需要引导师与发起人提前沟通和判断（这考验的是引导师的工作经验、管理常识和引导经验）。

工作坊前因后果路线图

工作坊前因后果路线图如图 8.3 所示。

从一件事情或一个项目持续推进的旅程来看，每场工作坊都应该有其前因后果，引导师要跟上客户解决问题的节奏，必须既要了解从 C 到 D 的过程（目的与问题部分），也要了解促使发起人发起本次会议的“导火索”。优秀的引导师会与客户在产出上达成共识和合约，同时也会努力加速从 B 到 E 的进程。

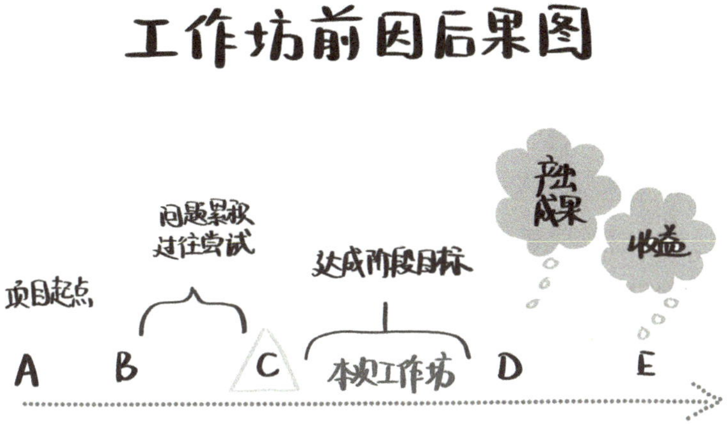

图 8.3 工作坊前因后果路线图

工作坊的三种前因

工作坊的前因或发起有三种可能性，一是解决过去某个问题长期累积造成的影响；二是防止当下的问题继续扩散或恶化；三是从当前的良好状态走向更优的目标状态。

针对第一种可能性，引导师需要弄清楚发起人（与参与者无关）为何发起此次主题的研讨，本次研讨的重要性、紧迫性和影响性如何。常见的提问包括：这个问题是什么时候出现的？目前的状况如何？这个问题带给您的困扰和影响有哪些？为什么需要在现在这个时机进行解决？之前，为改善这个问题您都做过哪些尝试？为了解决这个问题，您打算花费多少时间和精力？

针对第二种可能性，引导师需要搞清楚什么是当前真正需要解决的问题。通常问题是由某件事情诱发的不如意的表现、症状或现象，一般将其描述为差距、困境和挑战等，问题本身会让利益相关方感到困扰或烦恼，如缺乏创新导致产品竞争力下降，紧接着市场份额和利润下降。引导师要找到真正的关键问题，需要与发起人进行深度沟通，可以借助提问反复探寻：听起来这些好像都是对问题的描述，那这些现象背后的问题到底是什么？如果我们现场只能解决一个问题，您会选择哪个问题？这些问题中哪个给您造成的困扰和麻烦最大？这个问题背后的问题是什么？或者说是什么导致了这个问题？您认为解决哪个问题会撬动其他问题的解决？或者说解决了哪个问题会让您有如释重负的感觉？

针对第三种可能性，引导师探寻的重点是驱动客户渴望更加优秀的动力和初心到底是什么，可以借助以下问句来探寻：听您的描述，我们现在的状况已经很好了，为什么还要继续追求更优的状态呢？背后的动力和原因是什么？您渴望的目标状态还可以描述得更加清晰和具体吗？如果无法达成更优的目标状态，您会有什么担心、风险或损失呢？更优的目标状态对您来说意味着什么？对您现状的价值和影响是什么？

工作坊的三种后果

工作坊的后果包含无形和有形两部分，无形部分主要包括三个，一是在达成工作坊目标过程中人们彼此的交流连接、团队融合，二是在问题研讨和成果产出过程中的经验交流、相互学习，三是引导这种工作方式带给人们的反思和觉察等。有形部分以成果产出作为标志，包含三个层次，一是现场的成果产出，二是成果产出或内容的第一次应用，三是成果产出落地带给组织的收益。此处只讨论有形部分。

首先，我们需要区分第一个层次的产出和第三个层次的收益，如图 8.4 所示。发起人关注的是收益，引导师关注的首先必须是成果产出，产出是工作坊的里程碑和成败的重要衡量标志。如果把收益当作一场工作坊是否成功的标志，这对引导师是不公平的；反过来，如果引导师只对产出负责，而不管收益,也算不上优秀的引导师,尽管引导师有时候只能负责产出目标的达成。

其次，第二个层次的第一次应用指的是参与者将工作坊成果产出或在工作坊中学到的技能方法用在自己的工作场景中。要做到这一点，引导师需要提前了解参与者的应用场景，需要现场产出应用场景的设计方案或现场演练应用场景，也需要现场做出第一次应用的行动计划，还需要发起人发布应用要求、检验标志和奖惩机制。优秀的引导师的工作坊服务工作至少到参与者完成第一次应用才算真正结束。

最后，第三个层次，工作坊成果产出落地带给组织的收益。尽管我们都知道只借助一场工作坊很多时候是无法让组织真正发生变化的，外部引导师只是一种外在的干预力量，组织是否接纳干预及何时会呈现反应都是未知数，但我们仍要想尽各种办法去跟踪和了解工作坊给组织带来的收益。例如，通过横向对比不同团队之间的绩效表现或纵向环比同一个团队不同月份的业绩，来验证工作坊到底发挥了什么价值。不管是哪种数据，只要有了真实数据的对比信息，工作坊的价值、引导的力量就会更容易被评估、认可和推广。

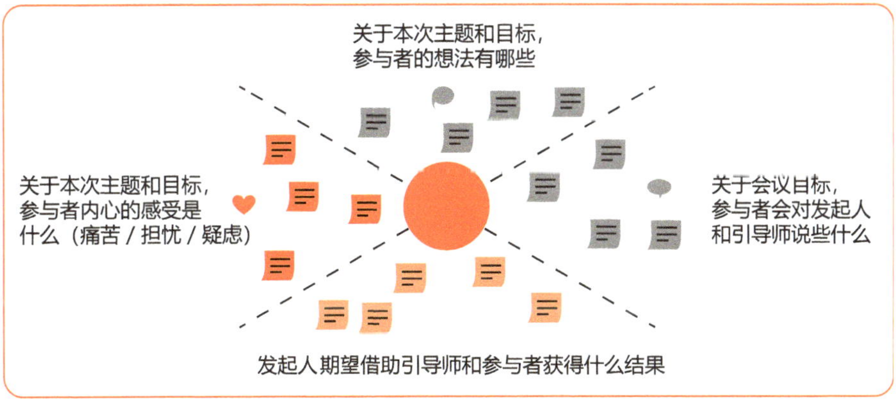

图 8.4　明确产出和收益

工作坊合约达成

达成合约的过程是管理客户期望、培育发起人和参与者的过程，尤其是当客户第一次选择引导时，让发起人和参与者清楚各自扮演的角色和发挥的价值、厘清职责，是各方分别承担责任的前提和基础，也是引导师职业化的体现，达成合约的关键如表 8.1 和表 8.2 所示。

表 8.1　让引导师与发起人达成合约的关键

引导前，引导师与发起人达成合约的关键：清楚各自的角色、工作和贡献	
发起人的任务	发起人清楚地表达对本次会议加入专业引导的期望和目标
	发起人理解并接受引导师在会议过程中扮演的角色
	发起人积极向引导师传递与会议相关的重要信息
引导师的任务	引导师清楚地表达自己在本次会议中扮演的角色和独特价值
	引导师让发起人明确此次会议成功的标志和动作
	交付双方认可的设计方案（主题、目标、流程、保障）

表 8.2　让引导师与参与者达成合约的关键

在引导过程中，引导师与参与者达成合约的关键：清楚各自的会议角色和贡献	
参与者状态	参与者清楚此次会议的主题、目的、定位、目标
	参与者清楚自己在此会议中扮演的角色、贡献和收益
	参与者相信引导师可以带领大家实现会议目标
引导师的任务	让参与者主动提出对会议主题、目的、目标等的疑问
	让参与者理解引导师角色并信任自己
	让参与者积极参与、贡献和承诺，并从中有所收获

引导开始前，如果可以，尽量通过组织方发送活动通知、预习资料和在

线课程等方式让参与者了解接下来的工作坊安排。从工作坊开场到第一次引导活动结束，引导师的核心职责之一是让参与者理解引导师的工作并相信引导师可以带领大家到达目的地。

小结：发起人访谈与期望管理

发起人访谈问句

如果时间有限，引导师与发起人的访谈至少必须包含表 8.3 中第二列的四个问句。如果对方描述得不够精准或时间比较充分，引导师可以借助表 8.3 中第三列的问句进行补充提问，以掌握更多信息。引导师要对发起人熟悉到什么程度？至少要能回答表 8.3 中的四个问题。

表 8.3　发起人访谈

访谈维度	访谈问句（直接）	访谈问句（补充）
主题	本次活动的主题是什么	如果现场悬挂一个会标，您希望上面的内容是什么？如果只讨论一个话题，您希望是什么
问题	您为何发起此次活动	您希望解决什么问题或达成什么目的？假如不做此次活动，您会有什么困扰或担心
目标	就本次活动而言，您想实现什么目标	您希望活动结束后拿到什么产出？您希望活动前后有什么变化？您打算如何应用本次活动的成果
合约	您如何判断本次活动的成败	本次活动成功的衡量标志是什么？什么事情发生可以说明本次活动是成功的？哪些现象出现可以说明本次活动失败了

如图 8.5 所示为发起人同理心地图，引导师在访谈过后可以在 A3 纸上绘制出来，在中间的圆形部分呈现发起人的表情。

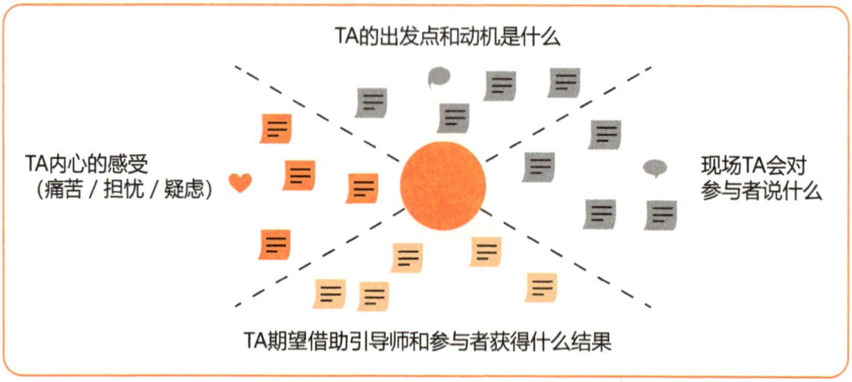

图 8.5　发起人同理心地图

管理发起人的期望

为什么管理发起人的期望

刚接触引导技术的发起人期望过高、期望偏差、期望不清的现象比较普遍，理解这三种情况有助于我们与发起人同心合力，实现目标。

（1）**期望过高**。发起人通常都只关注效益，尤其是在业绩压力大的情况下，而引导师不是不想产出效益，而是只能关注会议收益。很多时候，引导师需要区分收益和产出。好的引导师应该关注引导的效益，同时，效益的产生需要一个过程，会议产出在会后能否得到足够的资源等更需要天时、地利、人和等众多因素的配合。一定程度上，引导师是无法直接创造收益的，如此也不符合纯引导师的角色。

（2）**期望偏差**。发起人对引导师的工作不一定理解，如果引导师不解释清楚引导现场可能发生的状况，发起人很容易“好心办了坏事”。很多时候，发起人有兴趣参与会议，但忘记了之前与引导师达成的合约。

出现以下情况时，发起人通常没有耐心：参与者一开始磨磨蹭蹭、消极响应；参与者没有记住发起人的谆谆教导；参与者的成果质量平平无奇；参与者悠闲自得地扮演“小蝴蝶”……发起人的不当参与和干预有时会让引导前功尽弃。

（3）**期望不清**。发起人无法描述清楚自己的期望，或者反复调整自己的期望，或者内心期望过多无法排序，引导师不知道如何响应。

当组织者和引导师试着推销引导技术时，经常会让发起人产生幸福的晕眩，认为引导犹如十全大补丸，能够一次搞定很多问题。如果引导师搞不清楚焦点目标和体验目标的关系，很容易承诺过度。

如何管理发起人的期望

安全性、稳定性和灵活性是职业引导师与普通引导师的显著差异。要想成为一名优秀的引导师，我认为以下七件事情缺一不可，尤其是在发起人第一次与引导师合作时。

（1）当面解释清楚引导到底是怎么回事，可直接使用案例进行说明。

（2）当面解释清楚引导师发挥什么作用，尤其是关于本次会议的价值，解释时要不卑不亢，不夸大其词，多用软化词语，别为了拿单子拍胸脯。

（3）反复调整问句，当面确认主题、议题、问题、目标、标志、合约等。

（4）解释会议的设计逻辑和时间分布，对现场可能发生的状况打预防针。

（5）拿到适当的会议引导授权，确保自己在引导期间的权力。

（6）与发起人达成一致，明确他在会议现场的言行举止和姿态，以及自己可能的干预反应。

（7）如果可能，把上述一切形成书面信息，确保有迹可循。

第 9 章

把脉参与者需求

按照工作坊行进路线图，接下来重点关注参与者。每场工作坊，引导师都应该努力了解参与者利益关系、意愿资源状态、团队发展阶段、团队文化风格四个关键信息，并做好提升参与者投入承诺度的准备，以确保体验目标的达成。

参与者利益相关性分析

了解并分析参与者与工作坊的利益相关性，有三个典型的价值。首先，有助于筛选、明确工作坊的关键参与对象，避免漏掉关键角色或邀请到与工作坊关联不大的参与者，前者不参加工作坊会让工作坊的质量和共识大打折扣，后者参加工作坊很容易影响工作坊的场域，或者使工作坊的效率降低。其次，有助于识别与工作坊成败直接相关的关键资源，让引导师清楚大家的利益诉求及所持的态度、观点，提前设计应对策略。最后，有助于厘清参与者之间的关系，提前预测工作坊冲突，并引导大家的关注焦点。

第一步：找出所有的利益相关者

除了我们已知的发起人、组织者和引导师，还要找到工作坊的所有利益相关者。为此，可以询问以下五个问题：第一，谁是本场工作坊内容的贡献者与目标达成者？第二，谁是本场工作坊成果产出的执行者？第三，谁是本场工作坊成果产出的受益者？第四，谁是本场工作坊成果产出的决议者？第五，谁会对本场工作坊成果的落地产生关键影响？一般来说，回应这五个问题的利益相关者都应该被邀请到工作坊中来。根据工作坊的赋权级别，哪怕是一场低赋权级别的工作坊，回应前三个问题的利益相关者也应该被邀请进来。

同时，有人会担心工作坊的参与者数量过多，毕竟依据经验，30 人以内的工作坊更容易成功。此时，我们就需要根据以下三个关键因素进行判断。一是工作坊焦点目标中关于工作坊共识度的程度要求，如果共识度要求并不是最高级别的，单纯是为了控制人数，可以从回应五个问题的利益相关者中选取代表参加；二是工作坊引导师的数量，如果组织中拥有更多同水平的引导师，参与者的规模可以适当扩大；三是工作坊流程设计，如果某些议题必须进行研讨并且可以同时多场进行，则工作坊的规模也可以扩大。

第二步：厘清参与者与工作坊的相关性

在设计一些意义重大且不容有闪失的工作坊时，引导师还需要做更细致的调研工作，也非常有必要提前对工作坊的参与者进行分析和预判（很多时候是与发起人和组织者一同进行），尤其要预判三个关键点。一是对本场工作坊成果产出的贡献度。有的参与者来到现场是能够贡献关键内容的；有的参与者来到现场更多的是需要别人贡献内容；有的参与者来到现场更多的是为了知晓决议的过程而不是贡献内容。引导师如果搞不清楚这一点，分组就会有问题，现场发言邀请也会很尴尬。二是对本次工作坊成功的关键度。有的参与者尽管不会贡献重要内容，但会影响成果产出的落地；有的参与者如果现场不与引导师相向而行，则工作坊失败的概率就会很大。提前弄清楚这些关键角色至关重要。三是对本次工作坊的具体期待。有的参与者来到现场是为了解决问题、拿到产出；有的参与者来到现场是为了表达部门利益和观点；有的参与者来到现场是为了争取资源和支持；有的参与者来到现场就是为了吐槽和表达情绪。引导师不仅要尊重这些关键参与者，而且要与之协商对话，确保兼顾各类诉求在现场被倾听、看见和回应。

第三步：补充重要参与者之间的关系

一般工作坊的参与者由两大群体构成，这两大群体的关系也称双边关系，如表 9.1 所示。但有时工作坊的参与者由更多元的群体构成，因此，双边关系就扩展成了多边关系，如图 9.1 所示。

表 9.1　参与者关系——双边关系

学员关系类型	关系隐喻示例	对引导师的启示和要求
互为资源（平等）	夫妻	营造互助的氛围；增进彼此之间的关系；引出各自的资源；管理资源交换过程
单一资源（讨好）	师徒	营造师徒一体的氛围；激发师傅的分享愿望；管理徒弟的求教心态
相互指责（指责）	婆媳	营造彼此欣赏的氛围；循序渐进，逐步深入；关注需要，引导反思；适当庆祝，明确计划
互不搭界（游离）	远亲	明确各自预期，创建合作关系

在图 9.1 中，我们用不同的词汇、线条粗细、线条虚实表达了不同部门的关系（关系亲密、关系紧张、关系对立）。

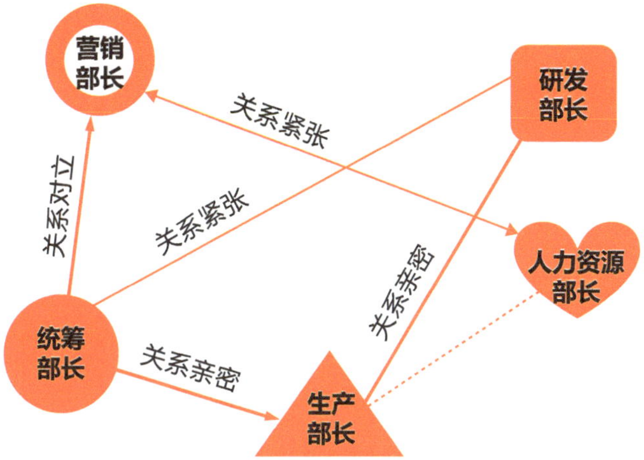

图 9.1　参与者关系——多边关系

参与者意愿与资源分析

依据“意愿 × 资源 × 创造性过程 = 好的结果”这一工作坊假设公式，明确参与者的意愿与资源的状态，有助于引导师明确工作坊的挑战度、工作方向和精力分配。参与者意愿与资源分析如图 9.2 所示。

图 9.2　参与者意愿与资源分析

想一想

面对处在“高意愿、低资源”状态的参与者和处在“低意愿、高资源”状态的参与者，引导师分别应该采取什么样的引导策略？

一场工作坊的行进过程是参与者不断被赋能和资源不断被唤醒的过程，“来的人都是对的”前提是让对的人来到现场，职业引导师懂得在工作坊开始之前与客户一起分析以下内容。

（1）为了实现会议的目标，现场需要哪些资源？

（2）目前参与者的资源与期望的资源之间有多大的差距？

（3）还有哪些人的参与会对本次会议的产出质量有帮助？

（4）哪些是重要并且需要被唤醒的资源？（参与者需要贡献）

（5）哪些资源是容易发现并且会对工作坊产生重要影响的?

分析示例如图 9.3 所示。

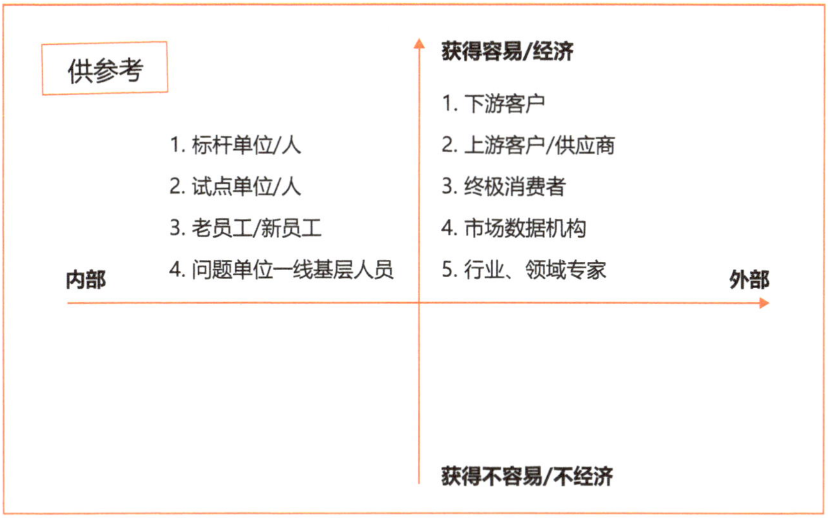

图 9.3 分析示例

团队发展阶段分析

团队是有生命周期的，可以赋予一个团队人格特征，把它描述为不同的生命阶段，如婴幼儿（依赖型）、青少年（独立且叛逆）、中年（成熟稳重）、老年（活力不够）；也可以依据团队表现来描述其关键特征，布鲁斯·塔克曼(Bruce Tuckman)的团队发展阶段（Stages of Team Development）模型是引导师常用的团队发展阶段分析模型。该模型认为团队发展包含五个阶段，分别是组建期（Forming）、激荡期（Storming）、规范期（Norming）、表现期（Performing）和休整期（Adjourning）。有经验的引导师可以快速辨识客户公司所处的发展阶段，理解工作坊的前因后果，预测参与者现场的表现，并做出相应的引导动作。例如，对处于组建期的团队来说，进一步打开市场、验证商业模式及构建一部分相对固定的规则，一般是发起人和参与者隐含的需求。同时，引导师也应该引导大家意识到这个阶段的核心任务是生存，在客户和市场上多花费一些时间，保持活力更加重要。对处于激荡期的团队来说，面对关乎公司存亡的问题与挑战要做出痛苦的选择，引导师会努力促成团队达成一定程度的共识，做出决策并快速试错很可能是这个阶段的最佳策略。处于规范期的团队往往表现出和谐有序的状态和氛围，引导师的重要任务是带领参与者及时总结经验，沉淀形成制度、规则和流程。处于表现期的团队呈现出生龙活虎、斗志昂扬的状态，引导师一般会既鼓励大家总结经验，同时让参与者思考如何保持当前的市场竞争力，如何预防风险和潜在竞争，保持可持续发展。处于休整期的团队往往表现出四分五裂、貌合神离的状态，引导师除了引导大家唤起创业激情，更重要的是让大家面对现实和趋势，尽快做出心态调整，调整组织架构并更新业务知识技能。企业生命周期理论和团队发展阶段理论有助于引导师快速地理解客户和团队，从整体、系统和长远发展的视角去看待本场工作坊，并引导参与者站在发展的视角看待当前的挑战。

我在引导团队的时候，还会从三个维度去关注和试着分析参与者。一是组织的 发展需要，即结合组织的愿景和战略方向，发起人期望本场工作坊的参与者 是正常表现、超越自我，还是彻底颠覆自我？是希望参与者相信自己、反思惊醒，还是雄心勃勃？二是团队发展的突破口，即团队要实现超越或适应变革，其突破点和切入点在哪里？假如组织和团队是一组流动的波浪，哪些景象正在初创生成？哪些正在冲刺向上？哪些已经处在顶峰状态？哪些需要警醒留意？哪些需要立即处理？从哪里入手效果会更佳？三是团队负责人与团队成员的关系，在工作坊现场观察双方的互动方式和各自的感受反应，可以捕捉更多信息。让双方的关系在工作坊中浮现出来并引发相互之间的欣赏往往是工作坊的副产品，尤其是团队负责人对团队智慧的认知转变。

对于以上三个维度，引导师在引导前掌握的信息越多越好，同时，也要敢于坦诚地将这些问题在工作坊现场抛出来，引发对话。需要提醒的是，不管团队处在哪个阶段，团队现在的状态与组织需求之间有多大的差距，引导师都应对团队保持欣赏和好奇，一丁点的怀疑、质疑和不信任都会破坏工作坊的氛围。

团队文化风格分析

优秀的引导师能够快速辨识团队的文化风格，并调整自己匹配和适应团队的文化风格。同时，引导师借助意愿资源分析后，在脑海中已经对参与者的状态有了画面，再加上团队文化风格分析，会让这个画面更加鲜艳和生动，这不仅有助于让引导师找到设计与引导感觉，也有助于工作坊前期的彩排预演和方案准备。

团队文化风格与工作坊的节奏和引导师的风格直接相关。我经常服务于互联网行业的公司，这些公司的员工大都年轻、激情和开放。工作坊构建了特殊的场域，释放被压抑的情绪和能量会让工作坊的氛围更棒。借助互联网的语言，我引导的互联网小伙伴团队有如此三个风格："闷骚的"、"超级闷骚的"和"明骚的"（指才情）。对应这三种风格，引导师选择慢热、快热、点燃个别人、引爆自己等不同的组合做法。一旦风格和节奏不匹配，不但大家觉得不舒服，容易很快疲惫，而且现场气氛不对，现场产出质量会趋于平庸。

引导师可以根据自己的经验和擅长的工具来划分团队文化风格。例如，按照二分法，可以有北方人风格、南方人风格；按照三分法，可以有外企范儿、国企范儿和私企范儿；按照四分法，可以有生产人、销售人、市场人、财务人。需要提醒的是，引导师关注的是团队整体，而不是某个人或某几个人，花太多精力去分析个体的风格很多时候得不偿失。

下面，我们重点了解一下依据 MBTI 划分的四类参与者风格（及引导风格匹配建议）。美国的凯恩琳・布里格斯和她的女儿伊莎贝尔・布里格斯・迈尔斯研制了迈尔斯 – 布里格斯类型指标（MBTI），这个指标以瑞士心理学家荣格划分的八种类型为基础加以扩展，形成了四个维度，分别是依据注意力方向分为外向型和内向型，依据认知方式分为实感型和直觉型，依据判断方式分为思考型和情感型，依据生活方式分为判断型和感知型。我们选择认知方式和判断方式两个维度，会发现四种组合，分别是 ST 型（实感思考型）、SF 型（实感情感型）、NT 型（直觉思考型）和 NF 型（直觉情感型）（不同的书籍对此的翻译略有不同），如表 9–2 所示。ST 型的人依靠“五感”来获取信息，并通过“思考”对信息进行判断；SF 型的人依靠“五感”来获取信息，但喜欢通过“情感”来判断；NT 型的人依靠“直觉”获取信息，但通过“思考”来判断；NF 型的人依靠“直觉”获取信息，并习惯通过“情感”进行判断。参与者的四种风格同时存在于工作坊现场，引导师要把握参与者群体的整体特征和风格比例。

快速辨别参与者的文化风格，有助于引导师快速与大家构建连接。需要提醒的是，首先，引导师关注的是团队整体，而不是某个人或某几个人。其次，引导师不能拿过往服务的团队与当下的团队进行投射，也不能因为辨识了参与者的团队文化风格而不再对团队保持好奇，不再去探寻团队当前面临的真正问题和所需要的支持。最后，遇到与引导师自身风格不匹配的工作坊时，引导师要么调整自己的风格，要么选择一个与工作坊风格匹配的搭档，要么多发挥小组长的作用。

表 9.2　参与者的四种风格类型

四种风格类型	组合特点	常见人群	引导风格匹配建议
ST 型（实感思考型）	实事求是	技术类、流程类：财务人员、法务人员、生产人员、操作人员	先从事实数据信息开始；流程、逻辑、框架简明清晰；工具表格具备可操作性
SF 型（实感情感型）	实感友善	沟通类、服务类：儿科医生、护士、小学教师、销售人员	描述细节，顾及感受；多倾听，故事化表达；基于事实与之沟通协商
NT 型（直觉思考型）	严谨机敏	科学类、工程类：科学研究、财政金融、前沿技术研发、解决难题	先体验后反思学习；赋予自主引导机会；辅助实用工具表格
NF 型（直觉情感型）	热情智慧	艺术类、助人类：教育、传播、销售、咨询、写作、研发人员	营造参与和主人的场域；鼓励大胆创新和碰撞交流；给予发挥空间和展示机会

参与者投入度准备

将最佳资源组织到现场后，引导师紧接着面临的一个挑战就是如何让大家持续参与进来，成为真正的资源。构筑投入关系的挑战有以下几个。

（1）引导师不清楚本次会议与参与者的利害关系。

（2）引导师忽略了在现场营造信任和支持的氛围。

（3）引导师无法应对参与者之间观点的激烈冲突。

（4）引导师无力应对参与者浅尝辄止或半途而废的苗头。

（5）引导师无法帮助参与者摆脱研讨的陷阱和困境。

参与者投入关系建设的典型方法包括以下几个。

（1）增进参与者之间的人际连接。

（2）构建彼此支持的研讨规则。

（3）调整参与者注意力，澄清想法、连接想法、整合想法。

（4）关注团队动力，激励、支持、庆祝、赋能。

（5）积极面对困境——寻求现场资源，鼓励尝试和迭代。

（6）积极管理冲突——先处理情绪，再处理事情。

工作坊需求确认表

结合工作坊开始前的工作流程，请客户填写工作坊需求确认表（见表 9.3）是筛选需求并确认需求的重要步骤，这不仅是因为书面化和痕迹化是职业化的体现，也是因为如果不是发起人授意，组织者很难填写焦点目标。因此，工作坊需求确认表可以确定发起人满意和参与者满意的关系。表中的项目很多，对于不是很重要和紧急的工作坊，客户一般都懒得填写，由此引导师也可以筛选虚假引导需求。只有一种情况客户可以不填写工作坊需求确认表，那就是客户愿意与引导师直接开展对话沟通，沟通过后，引导师可以选择自己填写，然后请客户确认，也可以将关键信息整理到工作坊流程设计表（初稿，详见第 10 章）中。最后，如果时间确实有限，引导师至少要搞清楚工作坊主题、焦点目标、体验目标、参与者及时长等，这些都是工作坊需求确认表中表头部分的关键信息。

表 9.3　工作坊需求确认表

经发起人确认的主题	如何……	（或放置现场会标）
	支撑主题的关键议题与内容（哪些议题必须探讨，哪些内容必须植入） 1. 2. 3.	
发起人（组织）	公司市场位置：	
	公司发展阶段：	
	公司核心竞争力：	
	公司的战略定位与目标：	
	公司面临的主要问题或表现：	
发起人（岗位）	角色：	
	面临的工作难题：	
	之前做过哪些尝试：	
焦点目标(关注发起人)	发起人期望本场工作坊取得哪些关键成果和显著效果 1. 现场成果产出： 2. 前后显著变化： 3. 衡量本次工作坊成功的关键标志：	
	发起人期望工作坊现场会有什么样的场景画面：	
	发起人打算如何应用本次工作坊的成果：	
体验目标(关注参与者)	占主体的参与者对工作坊的态度和期望分别是：	
	参与者是更看重问题解决、经验交流还是团队融合：	
	本次工作坊结束后，参与者会在哪些具体工作场景中应用成果产出:	
参与者	参与者组成、人数、年龄及性别比例：	
	团队发展阶段：	
	团队文化或风格：	
工作坊时机与时间		
地点及会场情况		

工作坊需求确认表示例

工作坊需求确认表示例分别如表 9.4~ 表 9.6 所示。

表 9.4　工作坊需求确认表示例 1

经发起人确认的主题	组织变革下的人力资源策略应对与问题解决 副议题：HR 内部冲突和矛盾的解决途径
	支撑主题的关键议题与内容（哪些议题必须探讨，哪些内容必须植入） 1. 公司组织变革及业务结构调整将给 HR 团队 / 工作带来哪些影响和变化 2. 在这个背景下，HR 团队需要聚焦解决的核心业务问题是什么 3. 在这个背景下，HR 团队需要做出哪些改变？接下来的核心重点工作是什么？具体要怎么做
工作坊发起人（公司）	公司盈利模式：通过社区团购的运营模式，为客户提供便利的果蔬生鲜等生活物品购买体验 所在行业位置：行业头部企业，居于前列 公司发展阶段：初创期，3 000 人左右规模 公司的战略定位与目标：建立一个千亿级社区团购组织和体系，能够具备在所有城市圈快速超越 5 000 万元销售额的标准化能力 公司面临的主要挑战或问题：过去大区自主经营，各自发展，总部支持，决策快，模式灵活，但是没有统一的模式和打法，导致很多城市圈的业绩发展陷入瓶颈，无法超越历史水平。因此，公司迫切需要进行组织变革，建立新的组织和体系，分为总部业务中心和区域作战中心，管理统一，模型统一，打法统一，KPI（绩效模式）统一
工作坊发起人（部门）	人力资源部
工作坊发起人（岗位）	岗位角色：人力资源部负责人 面临的工作难题：在结构变革下，人力资源各部门如何更好地支撑公司业务发展 之前做过哪些尝试：外部人才招聘储备、业务培训支持等 对本场工作坊的担心：无法对探讨的成果进行落地

续表

工作坊焦点目标（关注发起人）	发起人期望本场工作坊取得哪些关键成果和显著效果 1. 现场成果产出：明确 HR 未来的重点工作目标和方向，形成切实可行的路径和方法 2. 前后显著变化：使 HR 能够在新的组织模式下为业务提供更加专业、有效的支持，解决业务痛点，不拘泥于日常的基础工作 3. 衡量本场工作坊成功的关键标志：能否让 HR 明确未来一段时间的工作方向，形成具体的工作规划
	发起人期望工作坊现场会有什么样的场景画面：参会人员能够充分提出疑问和困惑，由教练进行引导，学员集思广益
	发起人打算如何应用本场工作坊的成果：在各区域、各条业务线落地实施规划
工作坊体验目标（关注参与者）	占主体的参与者对工作坊的态度和期望分别是：希望通过共创来明确工作目标和方向，对未来工作有所启发，同时解决目前的问题
	参与者是更看重问题解决、经验交流还是团队融合：问题解决和团队融合
	本场工作坊结束后，参与者会在哪些具体工作场景中应用成果产出：在与各业务的对接过程中，能够提供人力资源方面的专业支持，并得到有效的应用和业务的认可
参与者	参与者组成、人数、年龄及性别比例：HRD 1 人，HRBP 29 人、COE&SSC 8 人、招聘 11 人、行政 2 人 团队发展阶段：初创 1 年 团队文化或风格：组织扁平，沟通直接
工作坊时机与时间	2021/11/21 全天
工作坊地点及会场情况	北京怀柔某酒店（会议室标准）

表 9.5　工作坊需求确认表示例 2

经发起人确认的主题	FMFW 让管理者开好研讨会
	支撑主题的关键议题或议程（哪些议题必须探讨） 1. 引导技术 2. 部门目标分解 3. 提高团队会议的有效性 4. 开始建立引导型设计思维，尝试在各种场合运用引导型领导力
工作坊发起人（公司）	公司盈利模式：为美国保险公司提供外包服务 所在行业位置：在中小型保险公司领域属于行业领先者 公司发展阶段：成长期 公司的战略定位与目标：从服务提供者转型为方案提供商 公司面临的主要问题：从客户角度，如何让中国员工转换思路，帮助美国客户找到更好的解决方案，这里面有思维问题、能力问题等；从成本角度，随着中国人力成本的增加，公司需要调动员工的能动性，降低运营成本
工作坊发起人（岗位）	岗位角色：业务部门副总裁 面临的工作难题：要改变原来由小部分人做决定的工作模式，需要从上到下群策群力，找到更好的解决方案 之前做过哪些尝试：头脑风暴等 对本场工作坊的担心：无，大家都很期待
工作坊焦点目标（关注发起人）	发起人期望本场工作坊取得哪些关键成果和显著效果 1. 现场成果产出：部门目标分解的流程 2. 前后显著变化：会议引导技能（激发参与、达成共识、化解冲突） 3. 衡量本场工作坊成功的关键标志：现场大家的参与度，工作坊完成两个月内大家的工具使用频率
	发起人期望工作坊现场会有什么样的场景画面：大家都乐于分享如何将工具运用到以前的工作场景中
	发起人打算如何应用本场工作坊的成果：近期各部门的目标分解会
工作坊的体验目标（关注参与者）	占主体的参与者对工作坊的态度和期望分别是：新技能、新工具和新理念

续表

工作坊体验目标（关注参与者）	参与者是更看重成果输出、技能增进还是轻松体验：都有
	本次工作坊结束后，参与者会在哪些具体工作场景中应用成果产出：团队内部会议、跨部门（中国区各部门）的会议，以及与美国客户和美国部门同事等的项目会议
参与者	参与者组成、人数、年龄及性别比例：30 人以下。一半来自业务部门的高级经理，每人管理 100 ~ 200 人；一半来自其他非业务部门团队或项目负责人，经常组织召开会议 团队发展阶段：规范期和执行期 团队文化或风格：团队很擅长执行，但是在创造力上有待提高
工作坊时机与时间	2021 年 12 月 21–22 日
工作坊地点及会场情况	青岛，公司标准会议室

表 9.6　工作坊需求确认表示例 3

经发起人确认的主题	如何在 2022 年的商业活动中有效引领分组讨论
	支撑主题的关键议题或议程（哪些议题必须探讨）： 1. 引导技术 2. 提高团队会议的有效性 3. 开始建立引导型设计思维。在 3 月 1 日的公司年度商业活动分会场上由参加本场工作坊的各位经理担任引领者引领圆桌讨论，并尝试在各种场合运用引导型领导力
工作坊发起人（公司）	公司盈利模式：（生产）销售优质染料、纺织品 所在行业位置：全球领导者 公司发展阶段：从优秀到卓越 公司的战略定位与目标：通过可持续发展和创新纺织品解决方案，在 2024 年建成特色业务 公司面临的主要问题：通过组织商业活动，描绘 2022 年销售工作蓝图；同事们多年来拘泥于课桌式传统会议模式

续表

工作坊发起人(岗位)	岗位角色：商务总监 面临的工作难题：120 多人的会议如何能够组织高效圆桌会议讨论 之前做过哪些尝试：课桌式分会场内与会人员的参与度不够高 对本场工作坊的担心：分组讨论的引领者习惯传统会议模式，缺乏引领技巧
工作坊焦点目标（关注发起人）	发起人期望本场工作坊取得哪些关键成果和显著效果： 1. 现场成果产出：对独立引领高效讨论分组会议所需技巧了然于胸 2. 前后显著变化：沉稳的会议转变为群策群力、集思广益、活力四射的高效会议 3. 衡量本场工作坊成功的关键标志：2022 年 3 月初的商业活动分组会议讨论卓有成效
	发起人期望工作坊现场会有什么样的场景画面：各位经理犹如醍醐灌顶，对胜任两周后的分组讨论引领者角色信心满满
	发起人打算如何应用本次工作坊的成果：在 2022 年 3 月 1 日举办的商业活动分会场上由本场工作坊的参与者担任分组讨论的引领者
工作坊体验目标（关注参与者）	占主体的参与者对工作坊的态度和期望分别是：通过工作坊能够驾驭分组讨论引领者角色
	参与者是更看重成果输出、技能增进还是轻松体验：技能增进
	本场工作坊结束后，参与者会在哪些具体工作场景中应用成果产出：在两周后举办的商业活动中各自担任分组讨论的引领者
参与者	参与者组成、人数、年龄及性别比例：各大区销售经理（3 人），全国技术经理（2 人），中国区市场经理（2~3 人），下游品牌业务市场经理，中国区供应链经理，商务绩效经理，商务总监 团队发展阶段：成熟默契的管理团队 团队文化或风格：结果导向、快速反应、开诚布公
工作坊时机与时间	年度中国区商业活动大会开始两周前，2022 年 2 月 14 日
工作坊地点及会场情况	上海，公司园区

拿到工作坊需求确认表后的工作

拿到客户填写的工作坊需求确认表之后，引导师需要先确认表内的关键信息是否有遗漏，如主题议题是否明确、焦点目标是否已填写、发起人和参与者是否明确。然后与客户进行一次电话沟通，进一步确认相关信息，确保客户想要表达的内容与表格呈现的内容保持一致。最后依据沟通的情况对工作坊需求确认表进行补充、修改和完善，之后同步给客户。

一旦工作坊需求确认表的信息基本确认后，引导师就要开始构思和设计工作坊了。引导师要根据表内的信息进行五个假设和判断，一是判断工作坊的定位更侧重哪一种；二是判断焦点目标成果画面是否清晰；三是判断工作坊成败的标志是否清晰；四是判断工作坊的关键挑战并思考应对策略；五是判断议题与内容是否明确和充分。这五个假设和判断，需要有一定的数据信息和理由支撑，最终形成观点。

工作坊应用场景调查

如果是一场“引导＋培训”型工作坊，引导师必须了解参与者学习后的现实应用场景，这一点在“初次访谈”环节就应请客户明确提出来。向发起人征集议题，让培训内容、现场产出和学员的应用场景无缝结合，是优秀引导师的关键技能和突出特征。

如果客户在工作坊需求确认表中关于工作坊产出的应用场景描述得不够明确，引导师还需要进行单独的应用场景调查，尤其是摸清楚成果产出应用的场景、人群、形式与时间等特殊要求。优秀的引导师会确保工作坊成果产出朝着收益的方向转化。

现有研讨型会议梳理表如表 9.7 所示。

表 9.7　现有研讨型会议梳理表

会议名称	会议定位	会议频率	发起人	参与人	参与人数	会议时长	会议流程	典型问题
目标推进会议（示例）	检查进度，研讨问题，明确计划	每月一次	总裁	规划部、海外营销部、国内营销部、清欠部全部员工	40~50人	4 小时	规划部总述；3 个部门依次发言；项目主管发言；领导发言	内容与员工关联度不高、会议冗长、会议结果无人跟踪

过程设计篇

第 10 章

凌波五步

案例：文化宣贯工作坊

某研究院负责人上任后发现研究院下各个研究所的研究方向不一致，存在各自为战、缺乏横向沟通与协作的问题，于是该负责人想通过开展文化建设来增进大家的凝聚力和协同力。2021 年年底，该负责人连同人力部门负责人，参考其他标杆公司的企业文化，构建了一套理念体系，并印刷成文化手册。

理念体系出来了，下一步的文化建设应该如何推进呢？研究院负责人认为强化宣贯是核心路径，各研究所的负责人是关键人员，让他们积极主动地带动宣贯工作至关重要，毕竟研究人员一般都对文化建设不感兴趣。研究院负责人和人力部门负责人在探索宣贯方式时，接触到了引导技术，了解到引导技术是一种促进大家参与的方法，并最终找到了一位既懂文化建设又懂引导技术的工作坊引导师。双方明确需求后，集体决定召开为期两天的文化宣贯共识工作坊。工作坊的焦点目标是让各研究所负责人重视文化建设，理解认同现有的文化理念体系，并现场产出后续宣贯的方案。工作坊结束后一个月内，大家需要至少完成一次两小时的文化宣贯工作，重点在于让大家理解研究院为什么开展文化建设和研究院核心文化理念的内涵。如果能够让大家对这两点形成共识，那就再好不过了。

接下来，这次为期两天的工作坊流程应该如何设计呢？工作坊引导师认为，这场工作坊的挑战至少有三个：一是发起人的期望比较高，诉求比较多，在文化建设和宣贯方面并不算真正的专家；二是工作坊的绝大部分参与者前期并没有参与文化理念体系提炼，而且尽管大家都是管理者，但都偏重技术层面，对文化建设一事并不是非常熟悉；三是各研究所负责人并不擅长宣讲和培训工作，传统的宣讲也会引发研究所技术人员的反感，毕竟大家当前关注的重点是如何将技术类产品打磨成熟并赢得市场。

工作坊需求确认后，如何设计工作坊流程呢？很多引导师此时会选择直接套用常用的工作坊流程或自己擅长和熟悉的引导工具，然而这样做有三个问题。首先，引导师会在套用的过程中忽略对需求和目标的关注，有些新手引导师甚至会将一套流程和工具用在所有的工作坊中，这让工作坊失败的风险大大增加。其次，直接套用流程和工具还有一个很现实的问题，那就是它只适合纯引导型工作坊，而且设计得不够精准、细致和完备，往往只能呈现出大致的流程逻辑，缺乏具体的流程议题和目标，发起人很难理解，流程之间的时间比例也往往只是根据过往的经验分配的。最后，长此以往，引导师会进入低水平重复的陷阱中，无法获得持续的成长，一旦引导失利，其关注点也不会放在自己身上。

上文中的文化宣贯工作坊需求，总体来说是比较复杂的“引导 + 培训”型工作坊，直接套用某套流程、工具或方法显然行不通，而且如果引导师不熟悉企业文化建设和文化宣贯，也很难设计出一套既符合发起人焦点目标又兼顾参与者体验目标的工作坊流程，很难设计出一套兼顾引导与培训的工作坊流程，很难设计出一套既满足现场引导需要又满足后续宣贯需要的工作坊流程。

工作坊需求和目标确认后，就要思考如何设计出一套支撑目标和需求的流程。这个过程似乎是一个“黑盒子”，无法复制，这让工作坊设计变得复杂和不容易，这当然不符合引导的精神。在传统课程设计的基础上，结合焦点讨论法的原理，我研发了“凌波五步”设计流程，并在实践的基础上进行了验证和完善。

凌波五步简介

凌波五步是通用工作坊设计的方法论和实用工具，适用于所有需要提前设计议题或模块的工作坊。凌波五步是一套实战的工作坊设计流程，它像一根细线，将主题、目标、议题、时间、引导活动等一颗颗“珍珠”串在了一起，构成了工作坊设计提案的主体框架和内容。凌波五步是职业引导师在工作坊设计领域向上晋级的重要一步，借由凌波五步强大的整合能力，以后无论学习多少引导工具和方法，都不会出现“消化不良”的局面。

凌波五步的操作流程

凌波五步的操作流程如图 10.1 所示。

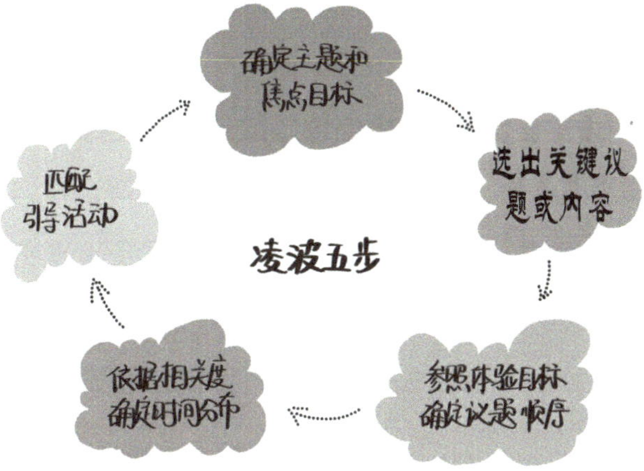

图 10.1　凌波五步的操作流程

第一步：确定主题和焦点目标

这是凌波五步的基础和前提。经过发起人访谈或拿到工作坊需求确认表后，有经验的引导师一般就可以确定工作坊的主题和焦点目标了。在操作时，对于主题只要写下关键词语即可，焦点目标需要非常明确，最好聚焦到产出和成果上。例如，主题是让管理者开好研讨会，焦点目标是学习研讨会设计技能、掌握常用的引导工具和设计出近期研讨会的流程。

第二步：选出关键议题或内容

这是凌波五步最关键的一步，也是最有挑战的一步。议题或内容是工作坊的脉络，也是工作坊流程的毛坯。无论是纯引导型工作坊还是“引导 + 培训”

型工作坊，为提高工作坊引导的成功率，引导师都应当提前确定工作坊的关键议题或关键内容（为方便表达，下文根据情况选择使用“议题与内容”、“议题或内容”或“议题”）。

当引导师拿到工作坊需求确认表并完成第一次访谈后，手上已经有了客户（发起人）关于工作坊的一些议题。首先引导师需要借助自己的经验洞察现有的议题（如找出核心议题，判断议题数量是否支撑焦点目标，判断是否需要增加新的议题或内容）。其次，借助微信、电话等远程沟通或现场沟通的方式，与客户一起澄清、发散和震荡议题，并根据经验增加或删减必要的议题和内容。最后，根据工作坊的焦点目标、时间和参与者的情况综合开展议题的收敛和确定工作。在选出关键议题或内容的过程中，引导师经常会遇到以下三种情况。

第一，客户给定的议题恰好是引导师认为应该在工作坊中研讨的议题（大家想得都比较清楚），那第二步的工作就比较轻松了。反过来，要想实现这一点，客户质量的筛选、发起人的预期管理、引导师前期的访谈就要非常精准和高效。

第二，如果需要引导师独立设计（有些情况下需要先提交一个设计框架），引导师应该采取思维导图的形式进行议题和内容的发散工作。围绕主题和焦点目标，发散所有可能的议题，并写在一张 A3 纸上，然后确定筛选的标准，优先筛选出关键的议题，作为工作坊的骨架。

第三，如果有一个引导师团队联合设计（有客户发起人参与最好，实在没有，也可由内部团队成员扮演发起人），则可以选择一位引导师做一次微型快速引导。引导师可以使用一张 A1 大小的海报纸，不断询问支撑主题和焦点目标的议题，并允许大家提出各种可能性，然后邀请大家确定筛选标准，再进行震荡和收敛，最终确定关键的议题或内容。

老林分享

操作与设计提醒

议题的来源

议题主要来自三个方面，一是客户包括发起人和参与者等提出的议题与内容；二是引导师对主题领域及客户所在行业的认知、理解和经验；三是引导师分析和应对客户典型问题所需的知识、模型和工具等。其中，后两个来源区分了引导技术初学者和有经验的引导师。

对于议题与内容的来源，还可以分三个层次来准备。

第一个层次，工作坊开始前，引导师像一个过程咨询顾问一样，如果对本次服务的行业和主题领域有深入理解，可以提出按照惯例必须探讨的议题。例如，对于初创公司的战略规划类工作坊，引导师如果了解商业模式，则可以提出关键的议题让参与者进行探讨。

第二个层次，引导师往往都拥有自己的工具箱（不只是引导工具，还包含常见的管理模型），里面有各种分析问题、解决问题和寻找答案的工具和方法。例如，战略规划类工作坊经常会使用 BLM 业务领导力模型；企业文化类工作坊经常会使用 NLP 逻辑层次模型；经验萃取类工作坊经常会使用 STAR 模型。

第三个层次，如何考虑、从哪些维度设问可以更好地激发参与者。优秀的引导师必须善于总结、提炼和不断积累模型工具。如果读者希望加强这一部分的技能，请参阅 Q-STAR 明星问题模型。

议题的数量

依据个人经验，筛选议题时一般先严后松，初次筛选的数量少一些，后面再根据情 况添加。为期一天的工作坊建议先将议题设置在四个以内，为期两天的工作坊建议先将议题设置在六个以内。这就意味着为期一天的工作坊设计核心模块不要超过四个，为期两天的工作坊设计核心模块不要超过六个。同时，这是按照线性逻辑推进的数量建议，如果坚持要讨论更多的议题，则需要考虑某些议题之间的逻辑关系，若是平行关系，则可以按照总分总的模式分组平行进行，以节约时间和提升效率。

议题的筛选

议题的数量是筛选时的一个参考依据，更重要的问题是这个议题是否能有力地支撑主题和焦点目标，甚至是必须探讨的。这个环节在团队共创设计时会有不同的角度和选择，这或许与过往的经验相关，让大家讲清楚背后的设想、让大家的智慧连接在一起很重要。同时，当大家争执不下时，考虑哪些议题对参与者的意愿和资源是最有支撑力的，再由主引导师做最后的决定。

第三步：参照体验目标确定议题顺序

在确定议题顺序时，重点参照体验目标的达成和参与者的体验曲线，确保整个过程对参与者的意愿和资源是有推动力的，而且是有创造性的。

当现场需要输入大量的内容时，还需要考虑成人学习的一般原理（如从简单到复杂、从容易到困难等）及布鲁姆教学目标新分类等。

议题顺序确定环节考验引导师三个方面的功力，一是常用的引导流程逻辑。如问题分析与解决的流程逻辑、成长（GROW）模型的流程逻辑、欣赏式探寻的流程逻辑等，这些逻辑可以让确定议题顺序这一环节变得容易且拥有更多的组合选择；二是常用的教学流程逻辑，如库伯学习圈、五星教学圈、U 型对话圈、FACT 循环圈等（参见《引导改变培训：从课程设计到工作坊设计》），这些逻辑可以让引导师在确定内容分布顺序时更快速地做出选择；三是常用引导工具的操作流程与设计逻辑，如熟悉世界咖啡三轮问题设计的逻辑，看到议题后也可以反向确定议题的顺序。

第四步：依据相关度确定时间分布

首先，工作坊的整体时间规划与三个方面的因素有关。一是客户（发起人）给定的时间或一个项目给定的工作坊的时间。例如，一场为期两天的战略分解工作坊，客户召集了全国各分公司的总经理来到现场，这种情况是有很大的现场成本和机会成本的，在两天内必须基本完成预期的目标，完不成则工作坊就是失败的，毕竟再重新组织一场同样主题的工作坊很可能不现实。如果本场工作坊是整体项目中的一个模块，则本场工作坊一旦拖延，后续工作就会延误，由此，时间就成了一个相对的限制性要素。二是工作坊的焦点目标挑战度和参与者的准备度。成果产出的数量、质量、共识度、创意程度、颗粒度及后续落地的行动计划的详细程度等都会影响工作坊的整体时间。另外，现场参与者的水平、意愿度、投入度、精力、体力和体验目标等也会影响工作坊的时间分布。三是引导师的经验、职业态度、沟通技能、综合实力和准备度等。如果引导师熟悉主题，清楚焦点目标，则整体时间就可以相对少一些；如果引导师能够引导发起人更加聚焦议题和产出，则整体时间就可以相对少一些；如果引导师能够快速跟上客户解决问题的节奏，少一些不必要的前期预热，则整体时间也可以少一些。

其次，工作坊的整体时间是一个可以固定，也可以灵活变动的关键因素。在发起人在现场的情况下，有时一个为期两天的工作坊的时间分布是可以与大家坦诚协商的。例如，第一天下午，引导师发现现场的产出时间比预想的慢了太多，就可以提出申请适当延长时间，如第一天晚上增加一小时或第二天早上提前半小时，我不建议拖延工作坊的结束时间。一般来说，如果一场工作坊的既定时间是一天共 6 小时，而引导师拖延到一天共 10 小时，哪怕现场征得了发起人的同意，我认为引导师的工作坊设计也是有问题的；如果一场工作坊的既定时间是两天共 12 小时，而引导师拖延到两天共 18 小时，我认为引导师前期的沟通和设计工作是不到位的，因为这个工作时长挑战了一般人所能承受的体力和精力的极限。

最后，在大多数情况下，客户要求的时间不能延长，此时就考验引导师的议题时间分布能力。一般在工作坊设计时，不直接确定每个议题的具体时间，而是借助时间比例或权重的方法。例如，假如关键议题有四个，假设整个工作坊需要进行八小时，则可能最后确定四个议题的比例是 2 ：4 ：1 ：1，这样做的好处是可以保证工作坊整体时间的灵活性，哪怕客户将工作坊的实施时间进行临时压缩或扩充，也可以确保每个模块的时间是最符合工作坊目标要求的（有时候有客户不愿意删减议题）。同时，议题时间的分布需要考虑焦点目标和体验目标的关系，无论如何，对发起人关心的议题都应该给予更充足的时间比例。

第五步：匹配引导活动

依据议题和模块的时间分布等，确定选择适合的引导活动或引导式教学活动。例如，某个模块的时间为 1.5 小时，那么引导师可以放心大胆地使用世界咖啡这个工具方法；如果该模块的时间只有 1 小时，则需要引导师衡量一下，是采用世界咖啡的变形方法，还是选择其他引导工具和方法。匹配引导活动考验的是引导师对常用互动工具和参与工具的熟练程度。

我建议引导学习者逐步积累四种类型的引导活动或工具方法。一是经典实战的引导技术类工具，如头脑风暴、钻石研讨模型、世界咖啡、团队共创（亲和图 2.0）、拼图共创、焦点讨论法、欣赏式探寻、需求与供给清单、开放空间等，以应对各种场景和主题的工作坊。二是掌握大议题流程下的小型引导活动工具，如收敛环节常使用决策收益矩阵、多维决策收益矩阵、Will-Can-Must（想做的 - 能做的 - 必须做的）、红绿灯（需要停止的 - 需要开启的 - 需要暂停的）、共识投票法等，以精准获得想要的成果产出。三是熟悉所擅长主题下的常用管理模型和工具方法，如进行现状分析时常用的 SWOT 工具、进行宏观分析时常用的 PEST 模型、进行行业分析时常用的波特五力模型、营销主题的 4P 模型或波士顿矩阵模型等，从而在主题下给出参与者思考维度或框架的参考。四是实战常用的教学设计活动或互动工具，如课程内容设计的黄金圈法则与金字塔原理、开场人际连接活动、案例故事讲解的结构化流程、过程中的能量调动活动、尾场的情境演练与即兴剧场活动等，以满足参与者体验目标的需要和内容目标引导式推进的需要等。

凌波五步的核心问句

凌波五步既然是一套流程，就意味可以借助提问的方式进行解读和运用，搞清楚凌波五步背后的问句，有助于引导师更好地理解凌波五步，不仅方便引导师独自使用，还可以以问句为流程进行小组合作设计。

第一步：确定主体和焦点目标。背后的关键问句包括：本场工作坊的主题是什么？发起人最想达成的焦点目标是什么？工作坊的定位偏向哪一类？工作坊成功的关键标志是什么？

第二步：筛选关键议题（内容）。背后的关键问句包括：主题下需要讨论哪些相关议题？哪些议题的研讨会有助于焦点目标的达成？这些议题中哪些是最关键的？

第三步：确定议题（内容）顺序。背后的关键问句包括：这些被选中的关键议题之间的逻辑关系是什么？如果按照时间推进，其先后顺序是什么？哪些议题可以同时讨论？

第四步：确定时间分布。背后的关键问句包括：哪个关键议题是最重要的？哪个议题会花费更多时间？各个关键议题之间的时间配置比例是什么？依据工作坊整体时长和实际需要，各个议题的大致时间是多少？

第五步：匹配引导活动。背后的关键问句包括：依据参与者人数和议题时长可以匹配哪些引导活动和工具？哪些合适的引导工具可以直接串联相关的关键议题？

凌波五步流程设计表

完整的凌波五步设计包含两步。第一步是绘制一张纸质版本的思维导图，这是凌波五步的草图和原型阶段。第二步是将思维导图的内容正式整理到电子版的工作坊流程设计表中，这会让工作坊流程看上去更加清晰。在填写工作坊流程设计表时，建议先设计一个粗犷的简单版本（见表 10.1），把主流程、流程介绍、时间和工具/方法依次填写完毕，不要纠结于开场环节，时间切割不要太细，要留出茶歇时间和机动时间。有了这个简单版本，引导师就可以与客户再次进行沟通确认了。流程基本通过后，引导师可以根据需要再补充两个关键信息，形成标准版本的流程设计表，一是明确每个流程的流程目标，二是明确每个流程的成果产出。在合作完全明确之前，不建议引导师设计标准版本和更细致的版本。

表 10.1　工作坊流程设计表（简单版本）

工作坊主题	
工作坊发起人	
为何要开展本次工作坊	1. 2.
发起人的焦点目标	1. 2. 3.
（支撑主题和焦点目标）研讨议题与内容	1. 2. 3.
工作坊结束后，成果产出或课程内容的应用场景	1. 2.

续表

工作坊主题			
参与者角色及人数			
计划时长			
主流程	流程 / 模块 / 内容（动宾）	时间	工具 / 方法
开场			
流程 1			
流程 2			
流程 3			
流程 4			
收尾			

如图 10.2 所示是我在“Workshop 工作坊设计©”北京第 4 期公开课上现场带领小伙伴们设计的痕迹图。

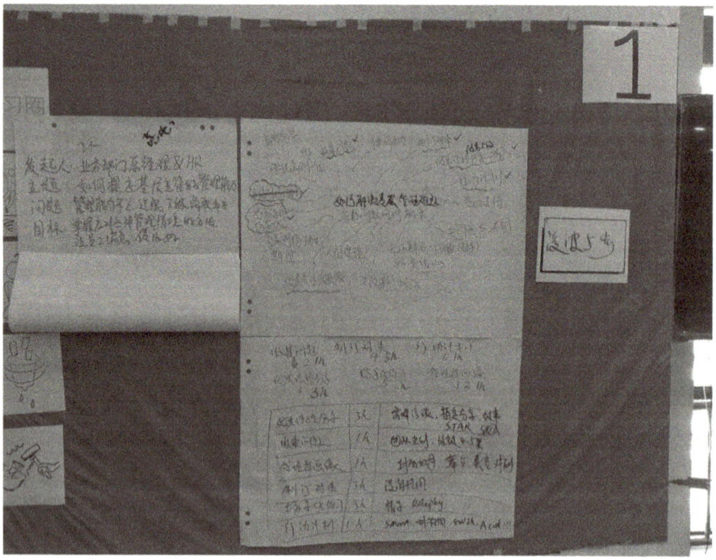

图 10.2　工作坊现场设计的痕迹图

如图 10.3 所示是我在“Workshop 工作坊设计 ©”北京第 25 期公开课上现场带领小伙伴们设计的过程痕迹图。

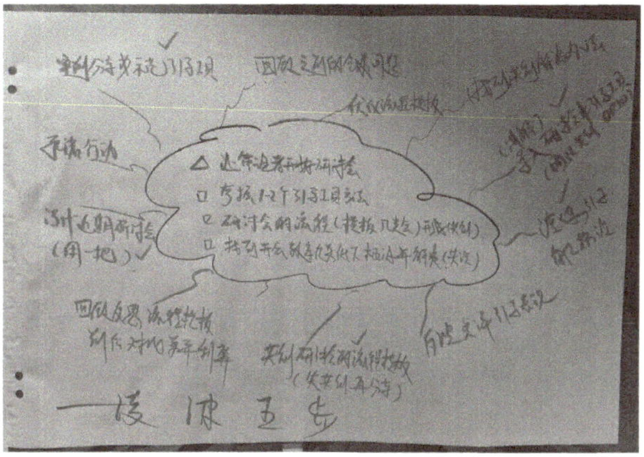

图 10.3　工作坊现场设计的过程痕迹图

借力明星问题模型设计好议题

明星问题模型如图 10.4 所示。

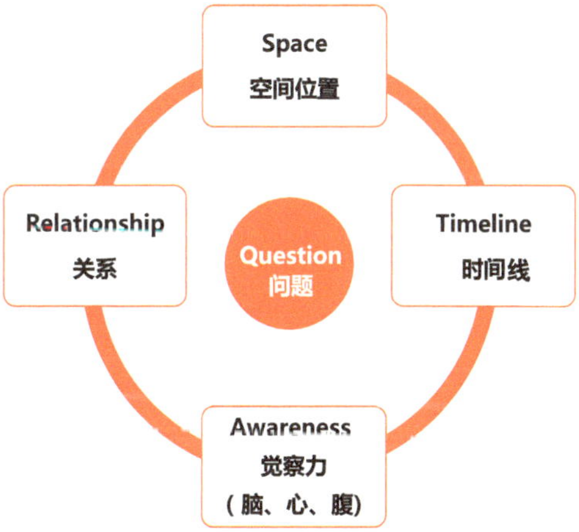

图 10.4　明星问题模型

引导的过程是由一个接一个的议题组成的。引导师能否进行高质量的发问，关键不在于是否掌握了发问的技巧，而在于能否找到关键的突破点、支撑点、障碍点和支持参与者达成目标的关键资源，然后借助一个个问句提出来。

明星问题模型集合了引导师常用的设计问题的逻辑和工具，实用、实战又实效，有助于引导师一揽子掌握创设问题的技巧，以设计出高质量的议题。

- 问题（Question）代表了引导师的注意力，问瓜得瓜、问豆得豆。明星问题模型集合了设计问题时注意力的四个重要维度和方向。
- 空间位置（Space）提示引导师关注问题所处的位置，变换位置、换位思考，给自己一个更新的视角。
- 时间线（Timeline）提示引导师关注事态的发展过程，变换时间线可以让引导师连贯、动态地看待事情的演进。
- 觉察力（Awareness）提示引导师关注问题所指对象的内在，变换脑、心、腹、关注点，让自己更有觉察力。
- 关系（Relationship）提示引导师关注问题的全局关系，构建新型关系可以让引导师获得更多资源视角。

以下举一个例子，以便大家更清楚地理解该模型。假定你要借助提问帮助一个朋友解决目前困扰他的一个议题：如何从一名培训师成长为一名引导师。

- 空间位置（Space）：培训师代表空间 1，引导师代表空间 2，你要提的问题是如何从空间 1 到达空间 2。由此，你需要帮助朋友了解，空间 1 目前的状态是什么样的，空间 2 目前的状态是什么样的，并向他提问：假如要在空间 1 和空间 2 之间搭建一个桥梁，你希望这个桥梁是什么样子的？由哪些元素组成？如何更方便通过？如果空间 2 代表你想到达的彼岸，那么如何从此岸过去？过程中会有哪些挑战和困难？

应对措施分别是什么?

- 时间线（Timeline）：从过去、现在和未来的三重时间空间看待这个议题。你可以问朋友：未来你要成为的引导师是什么样子的？在工作坊开始前、中、后，你分别有哪些让大家印象深刻的地方？如果要达到这种状态，现在最需要做的是什么？过去哪些经验是需要继续保留的？如果把培训师成长为引导师的过程比喻成一场旅行，你觉得哪些类似的经历可以帮助我们？你希望这场旅行是什么样子的？你希望到达一个什么样的地方？在你到达的那一刻，你能看到什么？哪些人会一起为你庆祝？他们会怎么评价你？回头再来看这场旅行，你会对自己说些什么？
- 觉察力（Awareness）：从一个人的思维、感受、意志三个维度来提问。你可以问朋友：你为什么有这种想法呢？是什么促使你有了这种想法？现在让你困扰和担心的分别是什么？假如你维持现状，看到和你类似的伙伴成长为引导师，你会有什么感受？说实话，你到底为什么想成为一名引导师？你对自己未来的职业或角色规划是什么？实现这种角色的变化给你带来的最大变化是什么？这对你来说意味着什么？还有，你可能从哪里开始？
- 关系（Relationship）：从关系维度来看这个议题。你可以问朋友：要实现这个转变过程，客户怎么看？他们会为此买单吗？这里的客户不仅是指那些甲方企业，还有培训机构等中间机构，他们会如何看待呢？如何让他们帮助你实现这个转变？你觉得要实现这个转变，还有哪些资源可以帮助你呢？例如，哪些引导师愿意给你提供帮助呢？或者你希望拜谁为师？你的同行如何看待这件事情？他们听说你要做这个转变后，会怎么做？这对你有何启示？还有，如果这些问题你都考虑清楚了，假如有一天你的终端客户、培训机构、竞争伙伴和你同在一个屋子里，你希望你处在什么位置？你能画出这个场景吗？你可能会说什么样的话？你当时的表情会是什么样的？

第11章 工作坊常用流程

工作坊由一个又一个的议题（内容）支撑，面对议题的过程就是工作坊推进的过程。如果你是一名管理者，想更快速地设计工作坊流程，或者你是组织内部的一名引导师，只是偶尔设计一场工作坊，一些现成的工作坊流程也可以供你参考和选择。如果你是一名职业引导师，理解这些常用流程，不仅对你熟练运用凌波五步设计复杂的工作坊非常有帮助，也可以让你设计的工作坊更富有变化，让客户体验到你的综合实力。

七个常用基础流程

在介绍七个主题工作坊流程前，我们先来看七个常用的基础流程，这些流程非常实战和通用，很多引导师已经把它们当作自己分析问题和解决问题的惯性视角和逻辑。了解这七个基础流程，可以让你更有意识地理解它们、应用它们和发挥它们的价值。这七个常用基础流程分别是点－线－面流程、总－分－总流程、起点－终点－过程点流程、过去－现在－未来流程、个人－小组－集体流程、相似点－差异点－共识点流程和脑－心－腹流程。在这七个基础流程中，有的可以作为工作坊的大流程逻辑，有的可以作为大流程下的小流程，有的简单、清晰、明确，有的有极大的创造性和包容性，大家可以仔细品味。

点 – 线 – 面流程

点、线、面是几何概念，是平面空间的基本元素，也是平面设计中最重要的构成元素。小时候扯母亲编织的毛衣的经历告诉我，由一个线头可以扯出一根很长、很完整的线，扯到最后就会发现，一面的毛衣都被拆掉了。点 – 线 – 面的逻辑有助于培养和训练我们的洞察力和敏感度，如果某个公司发生了某个新闻热点，那么背后一定是有一条逻辑线的，逻辑线背后又很可能是很多面的问题和矛盾积累的结果。

点 – 线 – 面作为一个基础流程，既可以用在工作坊需求确认环节，也可以用在工作坊整体流程设计中。在需求确认环节，引导师接到的需求往往是从一个问题点开始的，引导师要有意识地从问题点延伸扩展，在脑海中绘制出工作坊前因后果图（一条线），并通过客户的需求确认表了解到公司各层面的信息甚至行业的信息，由此在脑海中编织一张信息网（面）。在工作坊进行过程中，引导师就像拉拉链一样循序渐进地推进，找到一个问题点或切入点，然后要么横向找到更多关系点，形成一条线，要么纵向深入分析，打透一条线，最后通过参与者贡献信息，问题点、问题线逐步被填充，由单薄变得丰满，更多点与线的结合，就如同一串串葡萄，最终呈现出一幅葡萄园丰收的画面。

点 – 线 – 面流程是对引导师分析和解决问题的提醒，提醒引导师既要聚焦重点，又要系统地思考；既要关注细节，又要照顾全局；既要厘清信息之间的关系，又要疏通、串联信息之间的关系。

总－分－总流程

总－分－总流程是我在进行工作坊设计时最常用和最喜欢的基础流程之一。总－分－总流程，简单来说就是一开始让大家对工作坊有一个框架性和概括性的了解，然后进入细分的流程中，临近结束时再让大家对工作坊的成果和过程有一个全面的总结和观察。

总－分－总流程是一个比较安全的流程，开场的“总”回应了有些参与者对接下来要发生的事情的疑问；中间的“分”回应了不同议题研讨的需要和成果渐进产出的需要；最后的“总”又回应了参与者学习和夯实记忆与行动的需要。总－分－总流程既可以指导工作坊的大流程设计，也可以指导小流程的设计。总－分－总流程对引导师是一份提醒，如何做第一步“总”，何时开始第二步“分”，如何分得有序，何时进行第三步“总”，如何实施第三步“总”，都需要引导师统合调配发散和收敛两种不同的力量。

总－分－总流程可以延伸理解为一个远观到近察再到鸟瞰的过程。一场工作坊就是引导师带领人们不断变换视角和空间的一个过程。远观有助于人们看清楚事实全貌；近察有助于人们抓住细节，深入探究原因；鸟瞰有助于人们整体审视解决问题的方案，确保解决方案的系统性，并抓住关键。

起点－终点－过程点流程

在总－分－总流程基础上，你会发现工作坊其实是一场旅程，由此你能够看到起点、终点和过程点三个关键环节。起点－终点－过程点流程是一种将问题从复杂状态回归到简单状态的逻辑。清楚起点，意味着引导师要跟上客户解决问题的步伐，清楚哪个问题有助于自己带着参与者开启整段旅程；明确终点，意味着引导师清楚本场工作坊想要拿到的成果，或者扩展一点，看到工作坊成果落地后的变化；过程点是起点到终点的桥梁与连接，引导师要思考哪个过程点是整个旅程中必须经历的，这些过程点如何让旅程变得更有价值和意义。在引导客户将传统培训转为工作坊需求时，我会问客户（发起人）三个问题。起点问题是：您希望明天的工作坊聚焦讨论哪三个关键议题？终点问题是：您希望工作坊结束那一刻拿到什么成果产出？过程点问题是：您期望现场更多地开展培训内容分享还是真实问题分析与解决？设计这三个问题的目的是引导客户（发起人）站在起点、终点、过程点三个关键场景来规划和设计工作坊。

过去－现在－未来流程

过去－现在－未来流程的背后是时间线的推移，既然工作坊有前因后果，并且是一个从起点到终点的过程，那么所有工作坊的流程背后都隐含着过去－现在－未来流程。在工作坊需求确认环节，引导师需要了解工作坊主题过去的背景信息、当前的问题表现和未来的期望成果。在进行工作坊设计时，引导师可以带领参与者分享过往的信息，不仅让大家看到更完整的信息地图，还可以带回一定的资源。引导师带领参与者呈现和分析当前的突出问题，不仅能让大家认清现状并抓住关键矛盾，还可以让大家看到当前问题在更大层面和范围内的表现。引导师带领参与者畅想现状背后期望的未来画面，不仅可以让大家清楚集体努力的结果，还可以让大家从未来带回能量。

过去－现在－未来流程不仅可以作为引导师首选的工作坊流程，也可以作为工作坊设计没有思路时的保留流程。

个人 – 小组 – 集体流程

个人 – 小组 – 集体流程，也被引导师称作 Me–We–Us 流程，是一个从个人到团队再到公司，视角逐步扩大的过程。个人作为流程的起点，有助于激发每个人的参与；小组作为流程的连接，有助于让大家看到差异并取得初步的共识；集体作为流程的收尾，有助于让参与者看到更大的画面，并形成集体性的认知或共识。个人 – 小组 – 集体流程是常见的引导对话流程，有助于让对话在更大的群体中发生，有助于人们逐步达成共识。

把个人 – 小组 – 集体流程放大，可以看到公司 – 行业 – 社会流程，也就是先呈现和分析公司的状态，然后呈现和分析行业的动态，最后呈现和分析社会或世界的动态。在使用这个变形流程时，引导师经常采用倒叙的方式，即从大看小，洞察和发现社会甚至世界对行业、公司和个人的影响和变化。

相似点 – 差异点 – 共识点流程

相似点 – 差异点 – 共识点流程是串联、整合不同想法和观点时经常采用的流程。在确认工作坊需求阶段，当引导师对工作坊的理解、分析和判断与工作坊发起人或内部引导师不完全一致时，先从相似点出发，有助于推动大家彼此倾听，然后厘清差异点，有助于让大家看到更完整的信息，避免止步不前。经历前两步后再明确共识点，有助于形成包容性的想法。在工作坊进行过程中，各小组呈现想法和发表观点后，引导师也应该引导大家关注各组之间的相似点，然后关注差异点，最后收敛和总结共识点。相似点 – 差异点 – 共识点流程有点类似起点 – 终点 – 过程点流程，是引导师通过鸟瞰对工作坊涌现出来的想法进行三次拍照的结果。

脑 – 心 – 腹流程

脑 – 心 – 腹流程，源于《三脑教练》和《U 型理论》。《三脑教练》认为人类有三个大脑，分别是头脑、心脑和腹脑，关注头脑可以让人们产出很多的想法，关注心脑有助于人们更多地觉察到自己的感受和情绪，关注腹脑有助于人们更多地觉察到自己的恐惧和意图。《U 型理论》认为，要能够感知到正在生成的未来，需要人们打开思维、心灵和意志。在确认工作坊需求时，有经验的引导师不仅会关注发起人的想法，也会同理发起人的感受和可能未被表达的意图。在工作坊进行过程中，引导师应该有意识地运用脑 – 心 – 腹流程，借助研讨对话打开想法、浮现感受、连接感受，以让大家彼此同理、在一起，并敢于直面恐惧以克服关键想法转化为行动的障碍，强化意图以呈现正向动机，增强人们展开行动的原动力。

更多常用流程请参见《基于隐喻技术的工作坊设计》一书的 20 个隐喻流程。

七个常见主题流程

如果说七个常用基础流程是前菜的话，那接下来的七个常见主题流程则是流程大餐中的主菜和硬菜。在前人的基础上，结合组织的需求，我汇总了七个常见主题的工作坊流程，经过多年来小伙伴的反馈，组织内超过一半的工作坊流程都可以在这七个主题流程的基础上进行组合设计。这七个常见主题包括收集想法型、回顾反思型、经验萃取型、问题解决型、发展能力型、团队融合型和全新创造型。引导师在设计工作坊时，可以结合工作坊的三个定位和焦点目标来综合判断工作坊整体上属于哪个主题。如果把常见的引导工具比作基本的烹饪食材，这七个常见主题流程就像烹饪新手迈向熟手的经典菜谱，学会了这些菜谱，开门营业就不是问题；如果遇到大客户需要安排个性化宴席，高明的厨师可以创造性地组合菜谱，甚至创造出新的菜谱。

收集想法型

引导师面临的典型挑战或问题：

（1）我为什么要贡献我的想法？安全吗？

（2）如何产生更多的想法？

（3）如何让想法更有创意，而不是平庸？

（4）现场如何处理这么多的想法？

（5）想法筛选的标准来自哪里？如何层层渐进收敛？

（6）如何将好的想法变为方案或成果？ 后续如何推进这些想法落地？

收集想法型工作坊流程以钻石研讨模型的发散、震荡、收敛为基础，分为五个步骤。

第一步：共享与主题相关的关键背景信息，以确保大家的思考基线一致，同时，运用工作坊设计的原理增进参与者之间的关系，让大家放开一些限制性的信念，从而使分享的意愿更强烈。

第二步：开展头脑风暴，运用头脑风暴的规则，引出资源。

第三步：想法陈列、澄清、组合、初步筛选，允许大家开展观点的交锋。

第四步：运用与成果产出和应用需要相关的标准进行想法筛选，在这个过程中，注意尽量形成共识的筛选标准。

第五步：将确定的想法进行细化完善，形成解决方案或萃取成果。

回顾反思型

引导师面临的典型挑战或问题：

（1）回顾反思的目的是什么？是为了学习、激励、改进还是为了下一步行动？

（2）如何回顾才能保证没有遗漏信息，才能让更多人参与进来？如何让大家看到更完整的画面？

（3）现场需要营造什么样的氛围？如何打消大家反思分享的顾虑？如何让大家进行深层反思？如何让大家相互之间进行真诚的反馈？

（4）是回顾反思复盘的成果更重要还是过程更重要？如何避免一些技术性的简单问题不会重蹈覆辙？如何将反思复盘的内容变成系统的经验文本？这个经验文本的框架、呈现形式和应用场景是怎样的？

（5）如何将回顾反思复盘工作与接下来的角色分工、工作行动和目标达成更有效地关联起来？

回顾反思型工作坊流程以焦点讨论法的结构为基础，分为五个步骤。

第一步：从信息、数据、场景、画面和故事等多个维度回顾工作，让现场的参与者看到工作的全貌和脉络。

第二步：从关键数据和整体工作表现等角度与最初的目标设定进行对比，发现关键的差距和新的突破点。

第三步：站在组织的视角，层层分析造成差距的关键原因，总结实现突破的成功要素。

第四步：站在个人和团队的视角，总结反思关键成功要素和待改善的机会点。

第五步：根据不同的需要，进行角色重新分工，流程调整，沉淀形成文本或制定改进策略。

经验萃取型

引导师面临的典型挑战或问题：

1. 经验萃取的目的是什么？不做经验萃取的损失是什么？

2. 经验萃取的目标成果是什么？产出名称和具体框架是什么样子的？成果产出的应用场景是什么样的？

3. 现场开展经验萃取的最大挑战是什么？

4. 如何让经验丰富者贡献自己真实的经验？如何让这些经验更加结构化、可复制？

5. 如何让经验萃取过程不辛苦甚至充满乐趣？如何让经验贡献者也能从中获得收获感？

经验萃取型工作坊流程常以焦点讨论法和典型行为事件法为基础，可以分为五个步骤。

第一步：共识经验萃取的价值和意义。

第二步：共识经验萃取成果产出的框架结构和应用场景。

第三步：以终为始，按照框架依次产出成果或同步共创成果的产出。

第四步：从复制性和推广性等维度出发，对成果产出进行简化、流程化和工具化处理。

第五步：现场运用情境模拟、沙盘共创、预演彩排等方式，检验、测试和完善成果产出。

问题解决型

引导师面临的典型挑战或问题：

（1）问题是良构问题还是病构问题？问题是为了解决过往的困扰，还是为了追求未来的理想？

（2）发起人所说的问题与参与者理解的问题有差异吗？哪些关键信息需要澄清和补充？

（3）问题背后的问题是什么？解决该问题的目的是什么？问题是为了解决哪个利益相关者在哪个场景下的哪个突出的痛点？

（4）问题现状中的突出问题是什么？这些问题解决后的目标状态是什么？目标与现状相比，关键的阻碍和差距是什么？

（5）造成问题的原因有哪些？哪个原因才是根本原因？哪个原因是最需要紧急面对和解决的？对应的成果产出目标是什么？

（6）针对根本原因的应对策略有哪些？如何选出最佳实施策略？

（7）实施策略如何变为行动主题？最后的行动方案包括哪些内容？谁来负责？推进的计划是什么？有哪些阻碍因素？需要哪些资源支持？还需要哪些承诺和激励？第一步关键的行动是什么？

问题解决型工作坊流程集合了差距分析和 GROW 模型的流程，整体上可以分为三步，第一步是定义问题，第二步是明确目标，第三步是解决差距，也可以细分为以下五个步骤。

第一步：定义和澄清问题，根据客户对问题的描述，引导师明确问题的类型，并澄清其中的关键词。

第二步：收集与问题相关的信息，重新定义问题，明确问题所指的关键利益相关者、场景和痛点。

第三步：呈现问题痛点背后的现状与目标之间的关键差距，明确差距弥补的目标；分析造成差距的关键原因。

第四步：共创针对关键原因的解决策略，并进行筛选评估，明确关键解决策略和对应的目标。

第五步：综合运用关键绩效指标法和目标与关键成果法，将关键策略细化为具体的行动计划。

发展能力型

引导师面临的典型挑战或问题：

（1）成人的能力提升或掌握的标志有哪些？哪些过程和方法更有效？

（2）如何才能让大家的认知、假设、模式、行为发生改变？

（3）哪个议题的研讨有助于参与者彼此交流经验和相互学习？

（4）如何让高水平的参与者在研讨中也能够获得学习和成长？

（5）如何证明大家的能力切实提升了？现场需要什么成果产出？

发展能力型工作坊流程以库伯学习圈的结构为基础，库伯学习圈可用于设计工作坊中技能工具类的培训流程，经典、实战、好用（见图 11.1），主要分为四个大流程。首先，让参与者体验一种新的技能，这个过程由带领者进行示范。其次，让参与者先回顾刚才体验的过程，与过往的技能进行对比，找出异同。再次，由带领者抽象、概括地介绍关于技能的知识，让大家形成系统性的认知，并回应参与者的疑问。最后，带领者组织参与者在工作坊现场进行积极实验，解决新的问题，以验证对技能和方法的熟悉和掌握程度。

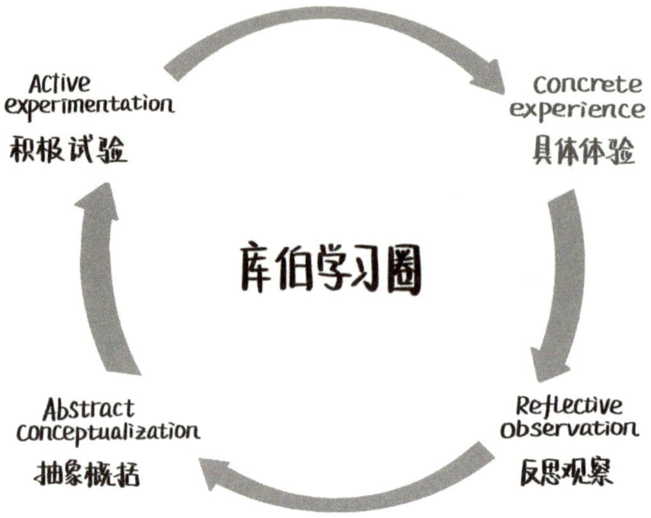

图 11.1　库伯学习圈

基于库伯学习圈和 U 型理论，我在实践过程中发展了一个 U 型对话圈流程，用于发展技能和创造性地解决问题，也非常简易和实战，如图 11.2 所示。U 型对话圈分为五个步骤，面对有一定认知的参与者，引导师的第一步工作是设计一个有挑战性的任务，任务的难度和复杂度要适中，既要满足最高水平参与者的需要，也要让低水平的参与者能够参与进来。第二步是形成多元化小组，由小组联合应对这个挑战性任务，尝试第一次解决问题。尝试过后，第三步的深度对话变得很重要和令人期待，各小组之间进行对比分析和相互学习，引导师也会基于大家的设计内容和过程抛出引发思考的问句，促进大家认知的提升。在此基础上，原来的小组或新的小组第二次尝试解决问题，这次尝试可以面对之前的任务（如果第一次解决得不到位），也可以面对一个更加复杂和有挑战性的任务（增加新鲜度）。最后一步，对比两次解决问题的方法、工具和模式，大家再开展一轮对话，分享彼此的感悟和收获。

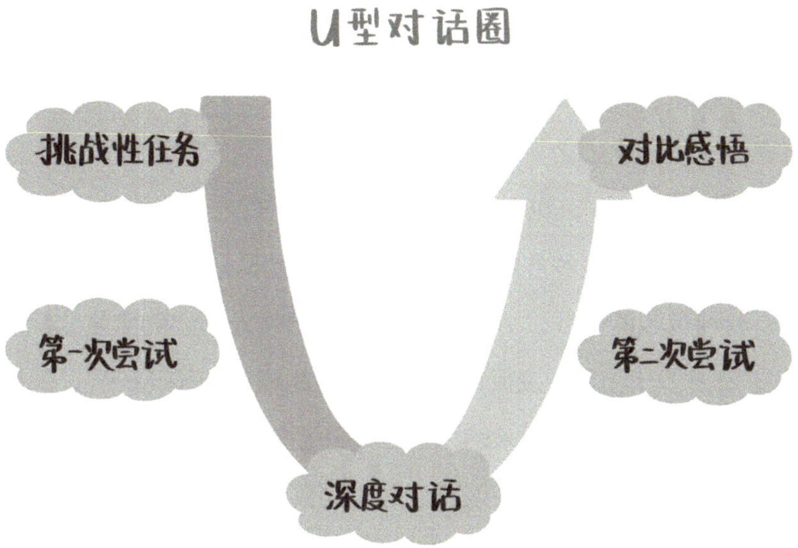

图 11.2　U 型对话圈

团队融合型

引导师面临的典型挑战或问题：

（1）团队融合的标志有哪些？理想状态是什么样子的？

（2）团队融合的目的、目标和收益有哪些？

（3）造成团队融合出现问题的原因有哪些？

（4）让团队融合的引爆点和瓶颈点在哪里？应对策略是什么？

（5）如何让团队融合的过程更容易、更自然和更持久？

团队融合型工作坊流程以供给需求互应模型结构为基础，或者以欣赏式探寻的 4D 模型为基础。团队融合型工作坊流程主要分为五个步骤，分别是各自呈现需求、依次澄清需求、同步回应供给、依次解释供给和各方约定改进。供给需求互应模型关注现存的差异，假定造成团队隔阂的原因是：彼此对对方的期望不了解；彼此对对方期望的满足能力存在不足。厘清各自的供给和需求有助于团队融合，这种工作坊流程逻辑简单、直接，不管是冰山之上的期望与需求，还是冰山之下的期望与需求，厘清需求和澄清表达不仅有助于需求提出方觉察和反思，也有助于需求供给方更有针对性地进行供给。

促进团队融合有很多方式，除了直面导致团队融合不到位的问题，转换视角也是一种有效的路线。大卫·L. 库珀里德等人创建的欣赏式探寻 4D 模型（见图 11.3）从团队解决问题模式转为彼此欣赏和彼此探寻，关注组织过往已经发生的经历和沉淀下来的积极正向的经验，让团队在过往经验、未来画面和当下议题上取得共识。该流程强大而富有包容性，也是引导师常用的工作坊流程设计逻辑。欣赏式探寻 4D 模型的解读如表 11.1 所示。

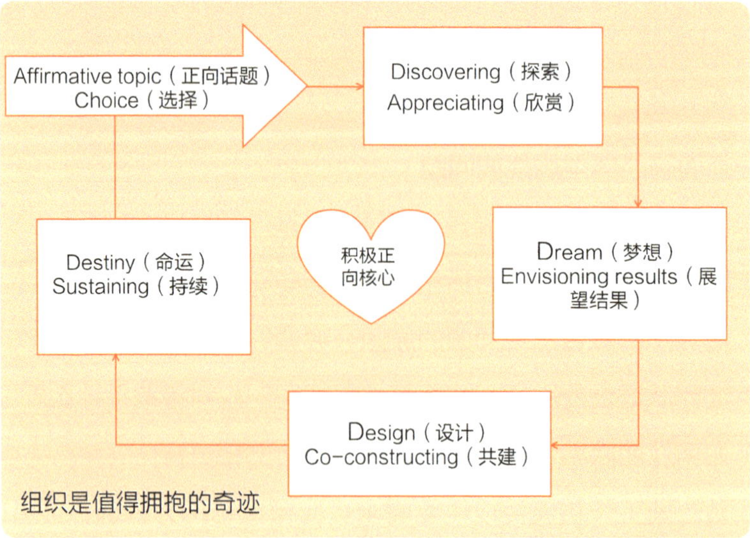

图 11.3 欣赏式探寻 4D 模型

表 11.1 欣赏式探寻 4D 模型的解读

时间	4D关注点	参与者
第一天 探索	共同推动系统性探询组织的积极正向核心	● 参与欣赏式访谈 ● 回顾访谈中的亮点
第二天 梦想	共同展望组织对外界发挥积极影响的最大可能性	● 在访谈过程中分享收集的梦想 ● 创造和展示戏剧表演
第三天 设计	共同规划一系列可以让积极正向的核心存活于战略、流程、机制、决策和合作之中的提案	● 规划包含积极正向核心的令人兴奋的提案
第四天 命运	邀请由前三天的活动所激发出来的行动	● 公开宣告自觉的行动并寻求支持 ● 自我组织的下一步群体计划

全新创造型

引导师面临的典型挑战或问题：

（1）创意来源有哪些？如何才能让大家更有创意？

（2）如何才能让大家愿意贡献创意？

（3）新的想法产生有哪些依据、方法和路径？

（4）全新创造还需要哪些关键人物、资源和空间的支持？

（5）如何让团队的想法和创意变得更强大而不被损耗？

（6）大家的创意出来后，如何才能变为现实？

全新创造型工作坊流程如图 11.4 所示。

全新创造型工作坊流程以设计思维的步骤方法为基础，可以分为六个步骤。

第一步：小组共享与课题相关的信息，共同理解创新课题，定义课题的用户、场景和痛点。

第二步：近距离观察和同理用户，理解用户的痛点、感受和未表达的需要。

第三步：综合各小组的观点和信息，重新定义问题，找到能够撬动问题解决的创新机会点。

第四步：小组开展头脑风暴等，共创解决策略与举措，并筛选可实施的策略与想法。

第五步：小组创建想法的原型（毛坯状态即可），预演和彩排产品或服务的全流程。

第六步：邀请典型用户对原型进行测试，收集意见和建议，完善原型，为试产做准备。

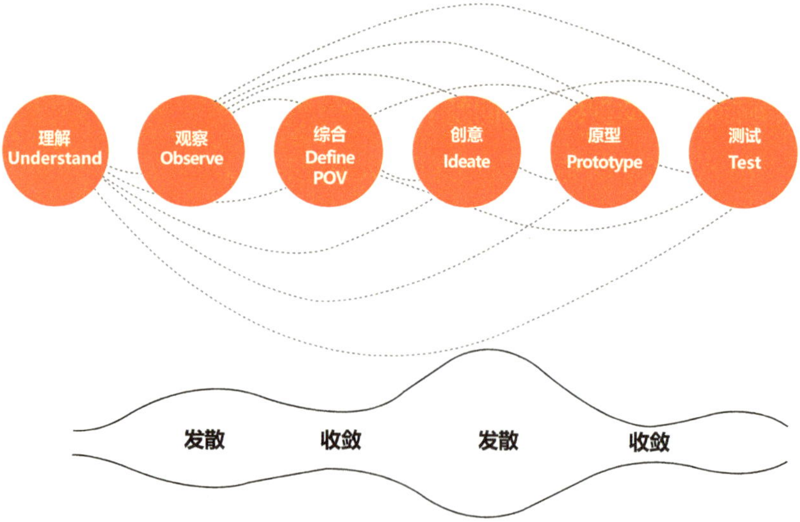

图 11.4　全新创造型工作坊流程

在应对工作坊产出不明确同时需要极强的创造性的情况下，设计思维六步法作为经典的创新方法，始终将客户放在第一位，注重挖掘并同理客户的隐性需求，善于刺激参与者的创造性想法和洞见。全新创造型工作坊流程超越了传统培训的课堂限制，不断变换工作场域，确保参与者的每项工作都始终与客户在一起，而且更强调产出的落地，是引导师必须掌握的流程方法。

工作坊流程排序的四种套路

以上实战流程基本上按照线性的方式推进，其实，依据引导师对流程的掌控度、参与者体验目标的需要及参与者的水平等，工作坊流程的排序还有更多的玩法，以下四种套路（见图 11.5）可以让你摆脱排序流程的束缚，让引导过程变得更多样、更从容。

图 11.5　工作访流程排序的四种套路

以“目标－策略－行动”这个常用工作坊流程为例。

顺序

排序：目标—策略—行动。

现场：先定目标，然后依据目标定策略，再依据选择的策略开展行动。

假设：目标是前提和基础，想好了再做，不然损耗太大。

操作：三个阶段依次进行。

引导师角色：流程控制者和带领者。

备注：线性逻辑，常人逻辑。

倒序

排序：行动—策略—目标。

现场：反其道而行之，或许会有新奇的发现。先考虑想做什么、能做什么、应该做什么；再往上拔高一层，面对如此多的行动，思考应该使用的策略或指导原则是什么；再往上拔高一层，重新思考、提炼、回顾目标应该是什么。

假设：行动是最重要的，行动是落脚点，只有行动，才能帮助人们厘清目标或找到真正的目标。

操作：三个阶段依次进行。

引导师角色：流程控制者和探险带领者。

备注：有时目标很难界定，或者只是纠偏的标准。

混序

A 组：目标—策略—行动

B 组：策略—行动—目标

C 组：目标—行动—策略

现场：反正都要考虑“目标—策略—行动”，所以现场只要讨论了就可以，各个小组刚好可以相互补充、对比和验证，于是有的按照 A 组顺序进行，有的按照 B 组顺序进行，有的按照 C 组顺序进行，只要完成引导师的任务就可以了。

假设：惯性思维很省力气，对话可以让不同的思维碰撞。

操作：各组同步进行，先系统，再线性。

引导师角色：流程模块的限定者和流程创造的支持者。

备注：给定模块，框架自建。

蒙太奇

A 组：目标—策略—行动。

B 组：策略—行动。

C 组：愿景。

D 组：策略。

E 组：价值观。

F 组：其他。

现场：参与者现场随机分组开展研讨，按照各自的流程和研讨策略进行，有的小组把时间分配给了三个模块，有的小组聚焦在一个模块上，有的小组甚至不知道在讨论什么。

假设：流程框架束缚了人们，不如把一切交给现场。

操作：各组同时进行，时间一到，重组拼图；一轮进行完还有一轮。

引导师角色：场域创建者、时间管理者、连接者。

备注：自定研讨，到哪算哪。

总之，好的工作坊流程既相对固定，又可以像乐高玩具一样随机组合。具体选择哪种形式，不仅取决于引导师对引导流程的熟悉程度，还取决于引导师对工作坊全过程的预演和预料，更取决于参与者对流程的配合度。再好的流程，如果不能调动参与者的意愿和资源，都不是合适的选择。引导师需要谨记，工作坊流程应是引导师服务现场的“胡萝卜”，不应成为驱赶参与者的棍棒。

老林分享

工作坊流程 = 主题流程 + 引导流程

工作坊的流程背后是议题，议题有三个典型来源，一是对主题和焦点目标起支撑作用的议题，二是发起人与参与者的议题贡献，三是引导师常用的引导流程库。其中，第二个来源主要依靠工作坊开始前的访谈和现场收集，第三个来源更多的是依靠引导师的日积月累和经验沉淀，那如何理解和获得第一个来源呢？为何将其作为第一来源呢？三个来源收集的流程议题如何整合梳理呢？接下来是我关于这几个问题的分享。

首先，我们需要有一个基础观点的共识——工作坊引导师不是沉浸在引导技术、流程与工具中无法自拔的人，更不是抱着一套流程或工具，认为自己“打遍天下无敌手”的人，而是愿意花时间对工作坊主题进行研究的人。如果缺乏对主题领域的足够理解，引导师是无法凭借一套拳法和运气“行走江湖”的。实践经验丰富的引导师并不排斥在工作坊中分享个人对主题的见解，这是因为工作坊流程也应该是基于此（而不是基于引导技术的模板）展开设计的。很多新手引导师常被客户或合作机构诟病的一点是，设计的流程太泛化、太套路化，无法给出更加精准的议题问句，也无法判断现场的成果产出质量。此时，哪怕你拥有国际资格认证，也无法让客户真正放心。按照常人的逻辑，我们很难想象一个不懂企业文化的引导师能够设计出一个可以催化高质量成果产出的工作坊流程；也很难想象一个不懂战略的引导师能够带领参与者对关键的战略方向达成高度的共识。我的建议是，工作坊引导师要对主题本身（如企业文化、战略规划）拥有自己的观点（定义概念假设是什么、不是什么），熟悉该主题的经典模型（有哪些模型、如何选择、为什么这么选），甚至能够设计出一套确保成果产出质量的流程（流程是什么、为什么如此）。另外，随着引导技术的进一步推广和发展，引导师群体也会有更多的细分，在不同主题领域打造自己的特色标签，是引导师品牌定位和职业发展的必然选择。例如，我主要从事文化类工作坊和战略类工作坊引导。

有了以上观点共识后，接下来，我们需要区分主题流程和引导流程，清楚两者的来源、优势和适用场景。这里说的主题流程，指的是一个主题自带的流程，一个哪怕不懂引导技术的从业者也清楚的流程。例如，从事战略规划的人员，懂得要想形成战略，必须先开展形势分析；从事文化建设的人员，懂得提炼企业文化时必须先回顾组织发展或高层的工作经历。主题流程对于开展该领域的咨询工作意义重大，也是组织发展人员必须积累的。相反，如果对主题本身缺乏认知，对该主题常见、常用的模型不熟悉，引导师就不会考虑或不懂得如何运用这些流程。例如，有的引导师会用发散 - 震荡 - 收敛流程直接提炼组织的价值观，这就是典型的用引导流程替代主题流程的做法。相比于主题流程，引导流程是引导师常用的基础流程，是一种更加底层的工作逻辑，基础流程大多来自通用的经典管理流程，并在实践的基础上总结提炼而成，具备一定的普遍性和通识性，在设计工作坊时，特别适合引导师新手直接套用。有了一定的问题设计经验的引导师，懂得依据主题和目标来设计问句。仅依靠这些实战的引导流程也能够应对越来越多的工作坊。

我再列举一个例子供大家区分。同样是战略规划与共识主题的公开课，一个强调主题流程的老师会在大纲里浓墨重彩地呈现战略规划的概念、战略规划的典型模型和战略规划共识的流程；而一个强调引导流程的老师可能会在大纲里突出欣赏式探寻4D流程，而对战略的概念、战略规划的典型模型等一笔带过。

总结一下，我们会发现，主题流程大多来自主题领域专家的经验提炼，是从业者的任职资格和必备神器，有助于系统严谨地开展相关工作，工作周期往往更长，工作成果体系也更加庞杂；引导流程大多来自引导师的经验沉淀和对已有流程的整合改造，是引导师必须掌握的法宝，有助于快速发挥流程和引导的力量，其通用性更强，产出速度也更快。面对具体主题的工作坊时需要做个性化问句设计，面对成果产出质量更高或更复杂的工作坊，在其流程之下至少要配备成果产出流程。

厘清了主题流程和引导流程的概念、价值优势和适用场景之后，我们将面临一个很现实的问题：在一场工作坊中到底应该如何选择流程呢？我给引导师的建议有三个，一是加强对主题流程的学习，二是借助凌波五步实现两种流程的整合，三是在工作坊现场确保流程的融合与灵活性。接下来详细解释这三个建议。

关于第一个建议，如果我们的脑海中只有引导流程，就会发现自己的成长很快就进入瓶颈期，似乎很多引导工具与流程一旦掌握了，引导技术就没有新东西可学了，甚至过早得出“引导技术不如如此”的结论，这将非常不利于引导师综合实力的成长。

关于第二个建议，如果你花点时间研究和实践，就会发现凌波五步的强大之处不仅在于把工作坊需求和工作坊流程连接在一起，更在于其兼具逻辑主线清晰和整合各类流程的优势。凌波五步中的第二步包含发散和收敛两个小流程，我们可以把支撑主题和焦点目标的主题流程和引导流程统统列出来，这可以让我们的议题数量和质量都得到扩充，而在收敛、统合和梳理这些流程时，我们依然有最能支撑焦点目标达成和服务体验目标需要这两个参考原则。工作坊本身的时间是有限的，筛选流程就意味着做出取舍，唯有与焦点目标和体验目标最相关的议题、最需要借助引导达成共识的流程才会被保留下来。

关于第三个建议，如果我们拥有足够的时间，如两天，当然可以尝试第一天以引导流程为主，第二天以主题流程为主，也可以选择每半天两种流程交叉进行，只要确保整体的流程逻辑清晰且能拿到关键成果（不只是文本产出）。如果工作坊时间紧张，我的经验和建议是先把精力放在主题流程上，借助更精简的主题流程拿到最关键的成果，或者在最关键的问题上达成深度共识，此时我们需要做出大胆的取舍。那此时引导流程怎么运用呢？更聪慧的做法是把引导流程放在每个具体的主题流程中，也就是将引导流程作为更小的研讨流程和达成共识的流程嵌套在主题流程中。例如，在给某客户做战略共识工作坊时，我选择“形势分析—明确战略方针—确定战略主题”这个简约的主题流程，在“形势分析”这个环节，我嵌入了“个人-小组-集体”和“发散-震荡-收敛”这两个基础流程；在“明确战略方针”这个环节，我嵌入了“问题探寻-问题分析-问题解决”这个常见的基础流程；在“确定战略主题”这个环节，我又嵌入了“目标设定-现状呈现-差距弥补”这个流程。

工作坊引导师擅长运用流程的力量，相信流程在促动参与、汇集智慧和达成共识方面具有独特的优势，同时保持开放与包容的态度，愿意对工作坊主题领域进行更深入的探索，愿意将主题流程纳入自己的大脑，并能够将主题流程与引导流程融合设计在不同情境下的工作坊中。之所以这样“迎难而上”和兼容并蓄，是为了让工作坊现场流程更简洁、更实战，让客户享受到更优质、高效、效果持久的引导服务。

第 12 章

工作坊常用引导工具

工作坊引导师会依据工作坊需要和个人喜好储备常用的引导工具。引导工具的范畴可大可小，既可以是头脑风暴这样单一的工具，也可以是世界咖啡这样包含流程的工具；既可以是研讨墙这样的物料工具，也可以是引导师本身这个工具。依据个人的工作坊参与经历和引导经历，我发现分组研讨、组合设问、钻石模型、焦点讨论、世界咖啡、漫游挂图、团队共创、拼图共创、视觉共创、情境创设、收敛漏斗、行动矩阵是引导师常用的经典引导工具、引导手法和引导套路，大家可以根据自己的掌握程度和兴趣、需要等，有针对性地选择加强学习或重新组合学习。基于本书的定位，本章只重点介绍这些引导工具的操作流程（引子），更多内容请参见每个引导工具的相关书籍和工具介绍中的推荐书籍。要想熟练掌握这些引导工具，光靠本章的学习是远远不够的（再次强调），还需要多体验，多次刻意练习和实践，不断地获取反馈和反思总结。

分组研讨

分组研讨可能是工作坊中使用频率最高的一种引导技术。分组研讨是引导师为了促进群体之间的对话，当参与者人数超过 5 人时，将参与者分成 3

人一组，先开展小组内部研讨，然后进行集体研讨。分组研讨代表了对话形式的变化，即从一对一的对话或一对多的对话转化为群体之间的对话，这是从传统会议主持人和培训师升级为引导师的第一步，是最容易学习也最容易忽视和忘记的一步，这是因为传统会议主持人和培训师都习惯了一对一的提问征询或一对多的分享指令。

在工作坊中，分组研讨这种方法经常使用的一个场景是，引导师的提问与流程建议得不到参与者的响应，此时让议题流入各个小组中是最简单的化解尴尬的方式。之所以强调这个场景，与很多引导师对圆圈围坐这种形式很痴迷有一定的关系。当引导师召集所有参与者围坐在一起时，时间久了，很容易发生邻座之间低声私语的现象，这个信号就是在提醒引导师接下来应该进行分组研讨了。

分组研讨在实际操作上还有三个建议。一是小组的人数，一般是 5±2 人，也就是 3~7 人，而且一旦超过 5 人就会发生“搭便车”效应，这就需要组内分配好角色与分工；二是要选择分组后固定延续或中间重新分组，这与工作坊偏重深入学习、研讨还是偏重整体连接、共识有关，无论是哪种选择，引导师都应该事先说明，适当引导，并平衡好参与者的习惯；三是关于分组研讨的分组形式或分组依据，引导师要统筹考虑，一般来说男女搭配、新老搭配等让小组成员多元化的方式都有助于增强参与者的体验目标，同时，到了制订行动计划的阶段，小组成员应当从虚拟状态转化为真实的工作小组，避免行动计划不切实际。

组合设问

引导师新手经常担心自己没有学到足够的引导工具，于是恨不得把市面上所见到的引导工具一网打尽，却忽略了一些最基础的引导手法，如分组研讨。也有伙伴经常问我应该先学习引导魔法箱®课程，还是先学习工作坊设计©课程，我会先问他们，是否已经掌握了分组研讨和组合设问这两个基础方法。

有些引导师新手在工作坊中，感觉自己的设问很清晰，但是参与者一脸茫然，原因要么是问句设计得过于简单粗暴，要么是目标产出不够清晰，要么是引导师只抛出了议题而没有明确成果产出。组合设问是指在设计问句时，尽量将利益相关者、场景和痛点结合到问句中，并在明确成果产出的同时，将成果产出的要求、规则、流程等组合进去。组合设问至少包含三个关键的组合动作，一是关于议题设计的组合，二是关于目标产出设计的组合，三是关于议题和目标产出的组合。其中，第三个组合动作最重要，议题和目标产出组合后，有助于参与者按照引导师期望的成果产出方向去思考，目标产出的加入犹如为提问的洪水挖了一道沟渠，建造了一个大坝，可以显著提升引导指令的精准度和有效性。

组合设问看起来很简单，其实对引导师还是有一定要求的，除了要精准确定议题和目标产出，还有三个关键点需要引导师谨记。首先，要区分好议题和目标产出，议题经常以问句的形式出现，目标产出则以回应问句的陈述句形式出现。例如，“如何提升团队士气”这个议题对应的目标产出则可能是“能够有效提升当前团队士气的三条可操作的措施”。对比两者我们会发现，一个简洁明确的目标产出中一般至少包含成果标准、成果数量和成果形式三个方面的重要信息，“有效提升”和“可操作的”是对成果标准的限定，“三条”直接明确了成果数量，“措施”虽然仍需要澄清，但基本框定了成果形式。要想给出完整的目标产出，还需要在以上三个方面的基础上，增加另外两个信息，一是成果形式的结构或框架，如一个动宾短句或一个限定的汇报表格，二是给出一个成果产出的示例或案例，以使参与者清楚研讨的目标。其次，组合设问的议题和目标产出部分，切不可只是口头陈述，一定要通过可视化的方式（如打印材料、海报、PPT）呈现给参与者，我建议引导师使用好 PPT 这个看起来有点“不流行”的工具。PPT 除了可以将内容呈现得足够清晰和全局，还可以让引导师根据现场需要进行调整和修改。最后，议题和目标产出还不是组合设问 PPT 的全部内容，这是因为有些小组会简单粗暴地直接奔向目标产出，如要求产出“三条措施”，于是小组三人每人产出一条，这种“偷懒”的行为需要进一步借助另外三个要求进行引导，一是研讨的流程和形式，二是研讨的规则和角色，三是研讨的整体时间和成果呈现的时间。

至此，让我们总结一下，一张完整的组合设问 PPT，应该包括的信息如下。一是多以问句呈现的包含利益相关者、场景和痛点等重要信息的议题，二是与议题相匹配的成果质量要求、数量要求、成果名称、格式形式、示例案例的目标产出，三是呈现研讨的流程和形式、研讨规则和角色分工、研讨的整体时间和成果呈现时间的建议。总之，引导师对研讨议题及目标成果、应用场景等思考得越清晰，组合设问的效果就越佳。

钻石模型

钻石模型是钻石研讨模型的简称，是引导师最常用的工作坊流程之一，是头脑风暴的完整版和升级版。传统的头脑风暴的优势集中在想法的发散阶段，能够在短时间内产生大量的想法。面对如此大量的想法，头脑风暴主持人往往会快速地进行想法的筛选和收敛，从而快速获取适用的想法。但与此同时，很多好的想法经常会被遗漏和抛弃，造成大量的浪费，而且最终选择的想法数量相比最初产出的大量想法，往往少得可怜，这会让一些参与者产生消极失落的情绪，尤其当自己的想法没有被采纳时。

钻石模型在传统头脑风暴的发散性思考和收敛性思考中间增加了一个震荡性对话的过程，这个过程从理性层面包括想法的澄清、归类、排序和初步筛选，从感性层面包括感受倾诉、吐槽抱怨、冲突性对话等。钻石模型认为，如果没有中间的震荡环节，最后的收敛环节就很难达成真正的共识。随着时间的推移，从发散到震荡再到收敛的过程，形似一个菱形，钻石模型的命名由此而来。

钻石模型的发散、震荡和收敛环节是一种普遍共识的引导语言，甚至可以说，不了解和不会使用钻石模型，就不是一名真正的引导师。完整的钻石模型，除了发散、震荡、收敛环节，对工作坊前期的议题和目标产出的确定也需要开展访谈设计，如此发散、震荡、收敛三个环节的问句才能设计得更加精准，收敛过后往往也会有一个决议的环节。同时，钻石模型既可以单独作为流程使用，也可以在大的钻石流程中嵌套小的钻石流程，还可以一个钻石流程紧跟一个钻石流程。在复杂的工作坊中，仅依靠一套钻石模型往往是乏力和粗暴的，应将其作为其他主流程的支撑流程和辅助流程。当然，无论如何使用钻石模型，引导师都应当依据阶段性的议题和目标产出来确定各个流程的问句，确保流程的连贯性、逻辑性和有效性。

有关钻石模型的更多内容请参见《结构化研讨：参与式决策操作手册（第3版）》一书。

焦点讨论

焦点讨论又称为聚焦式会话，是ICA文化事务协会的一个经典、强大的引导流程和工具方法。焦点讨论基于脑科学的原理，不仅是一套工作坊设计常用的流程逻辑，也是一套实战、系统、科学的决策流程，还是一套实用的提问框架。焦点讨论的应用场景非常广泛，如回顾总结复盘、绩效谈话、教练辅导等，甚至所有会议的设计都应该以焦点讨论作为参考流程。需要特别说明的是，培训师把焦点讨论用于培训过后的回顾总结和小组内部的研讨流程，都只是停留在引导式培训的1.0（山脚）阶段，同样的道理也适用于引导师。

焦点讨论被大家广为使用的是它的核心框架ORID，也有人用ORID来替代焦点讨论。ORID分别是四个英文单词的首字母，O代表Objective（事实层），R代表Reflective（反应层），I代表Interpretative（启示层），D代表Decisional（决定层）。这里用“层”这个字，是因为每个层面都有很多代表本流程的意思接近的词语。例如，事实层包括事实、数据、信息等词语，这就意味着，在事实层，引导师要帮助参与者多维度地获取该层面的内容，依此类推。焦点讨论的灵活性（也是挑战之一）在于每个层面中文关键词的寻找和筛选。例如，在启示层，引导师具体是用“启示”“收获”“发现”，还是“意义”“价值”“原因”等中文关键词呢？是选择其中几个还是挨个用一遍呢？这考验引导师的综合设计和现场引导技能。同时，引导师如果把注意力全放在中文关键词的选择上，也容易出问题，因为这样很容易忽略另外三个重要因素，一是焦点讨论中的焦点，也就是主题和目标产出，偏离主题和目标产出的流程和提问都是无用的；二是流程之间的逻辑性和连贯性，焦点讨论是一套流程的逻辑系统，没有大量的O就没有R，就没有足够的I，而没有 I 就没有更加合理的共识的 D 产生；三是具体操作时，引导师需要把注意力放在参与者的产出、感受和目标成果的平衡上，忽视了对参与者的尊重和对场域的关照，焦点讨论很容易会被误认为是一个“流程枷锁”。

有关焦点讨论的更多内容请参见《聚焦式会话艺术：在工作中获得集体智慧的 100 种方法》一书。

世界咖啡

《世界咖啡：创造集体智慧的汇谈方法》一书认为，世界咖啡汇谈是一种精心设计的汇谈流程，也是一种更深层次的生命系统模式，对会议的策划、战略的形成、知识的创造、快速的创新、利益相关方的参与及大规模的变革，都有着立竿见影的效果和实际的启示。

世界咖啡社区认为，世界咖啡是一种有力的社交技术，凭借七个设计规则和一种简单的方法，它可以让人们投入到重要的对话中。对话是驱动个人、商业和组织生活的核心。基于这一理解，世界咖啡已经不再只是一种工具、流程甚至技术，它更是一种人们思考并共同生存的方式，这也是对话性领导力的哲学源头。

世界咖啡的引导师认为，组织不是生硬的机器，而是一种有生命的关系网络，发现问题、研讨问题是解决问题的关键，成员之间的关系会因为被与大家利益相关的问题引领而启动，多元化的观点迅速聚集，借由小组间的深度倾听、双向交流和反复构建，最终关于问题的见解或组织发展的大图创作完成、乍然出现，如图 12.1 所示。

图 12.1　组织是一种有生命的关系网络

从整体上来说，世界咖啡的标准操作流程可以用“3+1”来描述，3 是指三次小组汇谈，1 是指一次集体汇谈。在实际操作时，世界咖啡可以演绎成多种形式。世界咖啡的核心汇谈流程由议题驱动，三次小组对话（三次家庭会议）由浅入深、层层递进，如由事实到观点、由想法到行动、由画面到现实。三次小组对话过后，借助一次集体汇谈，让大家看到汇集的观点，看到更大的画面，从而产生觉察和洞见。

世界咖啡的小组汇谈可以由一个议题贯穿始终，也可以由三轮议题驱动，三次对话由浅入深，由想法到行动，由画面到现实，借助集体汇谈让洞见发生。

也可以将三轮对话简单地理解为三次家庭会议，如图 12.2 所示。

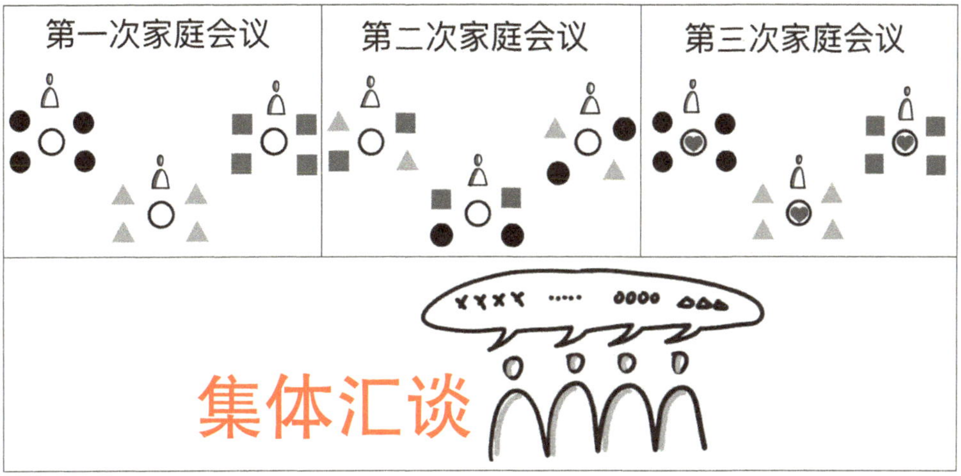

图 12.2　世界咖啡的核心汇谈流程

老林分享

运用世界咖啡拆书

运用世界咖啡拆书的典型优势

(1)参与者众多不再是烦心的事情,反而成为好事。借助参与者的多元化,形成多元化观点,让读物变得丰富和鲜活起来。

(2)以好奇的问题驱动阅读,使读者与读物之间构建起层层的连接。一轮又一轮的问题驱动读者深入理解读物,并使读物的内容为己所用,让读者与读物之间构建层层连接。

(3)在阅读和分享穿插进行过程中,读书变成了一件鼓励学习、鼓励分享、增进认知的乐事。

(4)读物的价值被发挥到最大,并为组织解决现实问题搭建桥梁。

(5)在通过读书收获知识的同时,还可以结识很多朋友。

如何运用世界咖啡拆书

按照世界咖啡的流程,拆书有五个核心步骤。

(1)拆解章节:将适宜拆的书籍分成若干章节,或者选定本次读的章节,分配到组。这一步可以借助微信群提前完成。

(2)组内学习:小组内开始同步学习,并记录要点。这一步也可以提前进行,到了现场后可以在组内快速串联分享。

(3)串门交流:小组内留下一人(一般为组长),将成员平均分散到其他小组,新的成员在原组长的带领下,按照章节先后顺序依次分享或围绕大家关心的问题进行交流。

(4)回家交流:小组成员回到之前的小组,在组长的带领下,依次分享收获，或者围绕组织当下相关突出问题进行研讨交流。

（5）集体汇谈：集体呈现会谈或读书成果，并看到各章节内容之间的关联，形成全局性的认识或分享整体的感悟、发现与启发。

运用世界咖啡拆书注意事项

（1）小组人数维持在4~5人比较好，如果能够请到读物作者或相关领域的专家，会为读书会加分。当章节比较多时，第二轮可以多转几圈（形式和规则可以灵活一些）。

（2）选择一个真心想服务大家的、有经验的引导师来带领大家拆书，切忌生硬死板地走流程。如果可以，每个小组选派一个有引导技术学习或实践经历的小伙伴。

（3）组内学习和呈现：学习内容和要点，对应的问题有：本章节涉及哪些内容和学习要点？作者有分享案例和故事吗？每个成员在“串门”交流前形成一个书面记录，如思维导图、金字塔结构图，从而使各自分享的内容质量更有保障。

（4）“串门”交流与深度交流：分享学习内容时，建议按照读物中的章节顺序依次进行，在这一轮，引导师设置的时间要多些，确保交流充分，同时引导师可以提出一些问句来推动大家深入交流或聚焦重点进行讨论。例如，作者的哪个观点引发了你的联想或对你有触动？这个观点给你带来的启发是什么？

（5）回家后进行想法碰撞：小组成员回家后，可以进行一轮想法碰撞，如果能提前设计一些更深层次的问题或与观点落地相关的问题，会让大家的交流学习变得更有价值和收获。例如，今天所学有哪些可以帮助我，或者可以应用到我的工作和生活中？我最想应用的一个新的洞见是什么？今天的讨论让我对自己有了什么新的认识？……

漫游挂图

漫游挂图也称漫步画廊，与世界咖啡有异曲同工之妙。但与世界咖啡在小组内坐着研讨议题不同，漫游挂图从形式上更多的是小组站在议题海报面前进行研讨。漫游挂图的操作过程可以分成三大步。一是选定议题和小组。引导师依据发起人的诉求，筛选相互关联且平行的议题，并按照与议题的相关性提前进行分组，一个小组选定或认领一个议题，各个小组同步围绕议题和目标产出进行讨论。二是小组轮转，完善成果。待议题成果产出形成雏形后，各个小组按照指令以一定的顺序进行小组轮转，如议题 A 的小组转到议题 B 的小组挂图面前，议题 B 的小组转到议题 C 的小组挂图面前，议题 C 的小组转到议题 A 的小组挂图面前。轮转到位后，先理解前一个小组的议题和成果要求，然后阅读前一个小组的成果产出，对认同的想法表达肯定，对疑问的想法标注其他符号，最后补充和完善想法。三是小组回归，澄清、完善挂图。经过持续轮转，议题 A 的小组回到最初的议题挂图前面，对其他小组的标注和补充进行理解和探寻，并根据需要进行想法收敛、成果发布或整体性学习。

漫游挂图经常用在小组议题数量或小组组数比较多的情况下，借助走动式观察、学习和补充，可以汇集更多参与者的想法，并且经过一趟“出门旅行”，小组也容易会对本组的议题产出新的想法。漫游挂图成功的关键有三个，一是议题的选择，引导师要提前评估议题之间的关联关系、议题与初选小组的关联关系等；二是整体时间的评估与分布，包括议题成果产出、形成雏形所花费的时间，漫游一张挂图所需要的时间及整体时间等；三是成果产出、质量与场域秩序的平衡与管理，漫游挂图一般采用小组整体轮转（或留下一人负责澄清），而世界咖啡采取的是分散式游走，当现场小组比较多时，正常完成轮转一圈的设计会对参与者的体力构成一定的挑战，当现场参与者出现精力涣散、专注力不足或体力不够的迹象时，引导师可以灵活调整。

有关漫游挂图的更多内容请参见《SPOT 团队引导：点燃群体管理的智慧》等书。

团队共创

团队共创既是引导的工作方式，也特指一个典型的引导工具。团队共创，也叫团队列名、亲和图 2.0 或共识引导法，特别适合针对某一主题收集想法、整理想法并达成共识的工作坊。亲和图的阶段产出如图 12.3 所示。团队共创可以说是更加复杂和更加详细版本的钻石模型，其完整操作流程分为前期准备、充分预热、头脑风暴、两次卡片分组、寻找关系和串联想法、回顾目

标和总结决议七个步骤，如图 12.4 所示。前期准备是指引导前确定主题、目的、目标和成果的应用场景。充分预热是指工作坊开始后、引导开始前，引导师带领大家所做的意愿激发、构建连接和信息共享等工作。前期准备和充分预热是所有引导开始之前必须做的两项工作。头脑风暴意在收集足够数量的基础想法，引导师可以根据情况选择使用传统的头脑风暴法，也可以采用变形后的书写式头脑风暴法。头脑风暴过后，想法的数量往往比较多，如果将它们一次性集中呈现，则不利于想法的归类整理，因此引导师会采取两次卡片分组的形式。第一次卡片分组收集总数量为 12~16 张的卡片，先形成初步的分类；第二次卡片分组让参与者按照现有的类别将卡片进行快速归类，在卡片上标记类别的符号以便于识别，无法归类的想法也会被集中处理，如依据想法的目的归入现有类别或重新构建新的类别。第二次卡片分组过后，所有的想法都有了归属，引导师就可以让大家试着总结提炼出一个类别的标题，以涵盖该类别下所有的想法，一般会使用动宾短语来让标题直接回应主题。完成标题拟订后，有时候我们可以看到各个标题之间的逻辑关系，于是关于主题和目标的回应就可以用一段话或一个模型结构来回应，参与者也会有更加完整和系统的认知。团队共创的最后一个环节是让参与者从共创的内容和过程中获得学习、启发和收获，并在此基础上推动产出应用。为此，有时还会继续依据 MECE（相互独立、完全穷尽）原则整理成果产出，或者进一步筛选收敛，形成决议。

团队共创看起来并不复杂，但要求引导师同时具备聚焦主题、明确目标产出、中立、倾听、澄清、复述、整合等综合技能，以及清醒、灵活、跟随场域的引导师状态。我经常借用电影中少林寺弟子下山必须经历的十八铜人阵来形容团队共创的引导过程，过了这一关，内部引导师就可以进入职业引导江湖了。

关于团队共创的更多内容请参见《共识建导法：从个人创造力到集体行动》一书。

图 12.3　亲和图的阶段产出

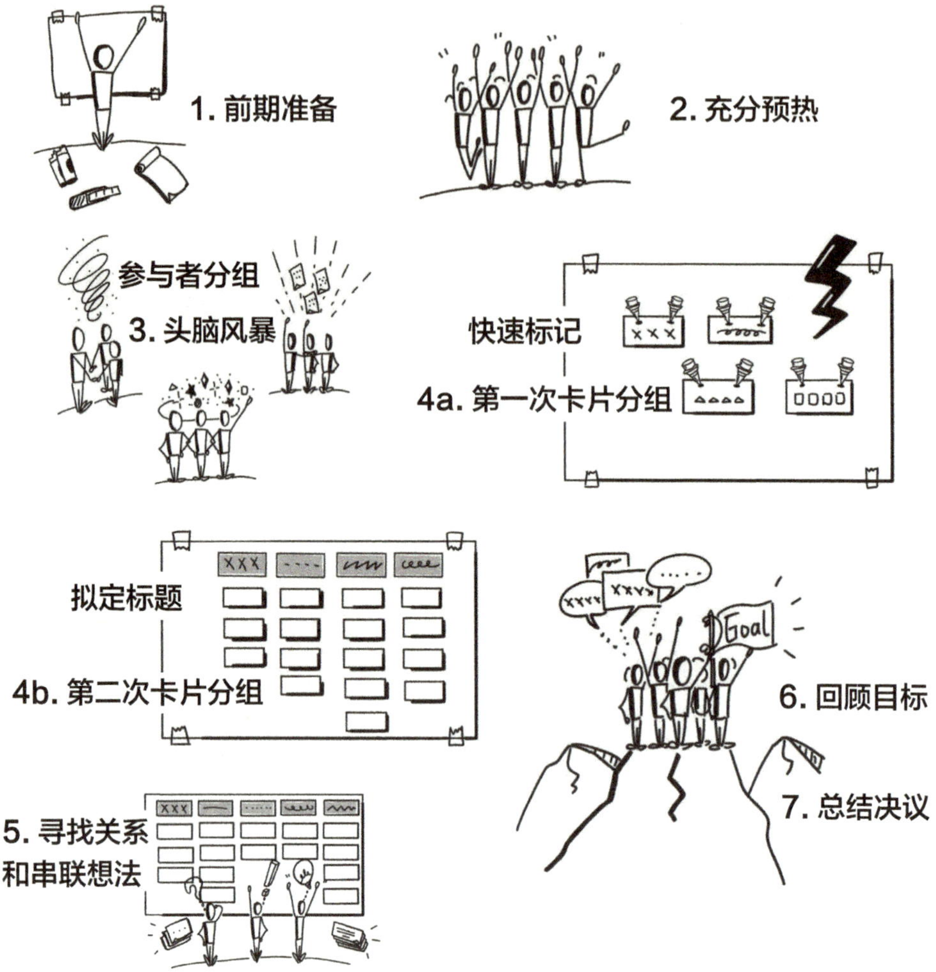

图 12.4　团队共创的流程

拼图共创

拼图共创是我在团队共创的基础上研发出来的共创工具。拼图共创把团队共创的过程隐喻成了一场集体合力完成一张拼图的过程，团队共创从此变得更加容易。拼图共创工具的操作主要分为三个步骤，分别是共同商定框架、分组同步共创与合成完善拼图。

第一步：共同商定框架

提前共同商定框架，这是拼图共创与团队共创的关键差异。如果找不到合适的框架，则不适合做拼图共创。共同商定框架是拼图共创最关键的步骤。框架可由引导师提前给出，也可提前由发起人与引导师合作确定，还可以在现场大家协商确定（框架并非完全封闭的），不管哪种方式，都应确保参与者理解框架。引导师应熟记框架设定的七个标准或注意事项。

（1）好的框架应该是大家容易理解、容易达成共识且容易生成内容的。

（2）框架并非团队共创的标题，而是产出想法的思考维度，框架本身尽量不涉及内容。

（3）框架之间应该有一定的边界，尽量做到相互独立、互不包含。

（4）框架可以是横轴 + 纵轴，也可以只有一个横轴或一个纵轴。

（5）框架使用一个轴有助于激发更多想法，增加另一个轴则有助于产出行动计划。

（6）可以先完成一个框架，确保想法的数量，再用第二个框架进行收敛产出。

（7）框架之间不能出现类似 ORID 式的流程递进关系，以免后面的小组产出困难。

第二步：分组同步共创

依照框架的数量将参与者分成相匹配的小组，如 5 个维度刚好分给 5 个小组，确保大家的工作量均衡。任务分配可以让各小组主动认领，也可以依据小组的组成由引导师指定。任务分配前，记得给出一个框架下内容想法的示例，避免大家跑偏。任务分配时，记得强调卡片撰写要求：回应主题和目标，内容明确具体，一张卡片写一个想法，横写楷体大字，多用动宾结构。如果有多余的小组，可以（挑战）思考框架之外的想法。小组共创时，引导师应注意巡视，观察各组产出是否符合要求。

第三步：合成完善拼图

拼图合成后，引导师带领大家逐一对各维度进行检查，邀请本小组澄清，并邀请其他小组进行补充和完善。完成后可以借助焦点讨论进行总结收敛，询问大家成果对自己的价值、共创的收获与发现，也可以依据成果的应用需要，让大家筛选更有价值的想法。

拼图共创特别适合成果产出明确的工作坊（如经验萃取类、解决问题类），不仅适合成果框架之间相互平行的工作坊，将平行的议题同步推进，也可以在参与者经验丰富的前提下，将传统线性推进流程调整为同步推进的框架和流程，从而节约研讨时间。

视觉共创

视觉是工作坊的核心要素之一，发挥视觉的力量是工作坊设计者的基本功。基于引导师、参与者、视觉师三者在工作坊视觉空间发挥的作用，这里有必要简要地区分一下视觉呈现、视觉记录、视觉引导、视觉共创这四个关键词。大家可以参照表 12.1 中列出的关键特征，试着找出四个关键词之间的关联关系和各自的优劣势。

表 12.1　四个关键词的关键特征

关键词	常见应用及关键特征	主体
视觉呈现	引导师提前将课程内容等视觉化呈现出来，成果为一张张画好的海报、PPT 和其他学习材料	引导师或聘请的视觉呈现师
视觉记录	视觉记录师快速用视觉的方式记录现场内容，最终形成一张漂亮的、完整的视觉记录图	视觉记录师
视觉引导	引导师在引导全程综合运用 PPT、海报、道具等方式带领和支持参与者达成目标	引导师
视觉共创	引导师、参与者、视觉共创师三方合力，彼此支持和叠加，共创视觉生态和场域	引导师、参与者、视觉共创师

在现阶段的大多数工作坊中，视觉共创往往涉及引导师、视觉师和参与者三方的合作（见图 12.5~ 图 12.8）。随着引导师掌握视觉引导的本领，引导师与参与者的互动将成为视觉共创的主体。

- 引导师抛出问题，参与者寻找答案，探索过程视觉呈现。
- 引导师规划视觉框架，参与者填充内容，骨肉相连。
- 参与者创建内容，引导师穿针引线，画龙点睛，共创图景。

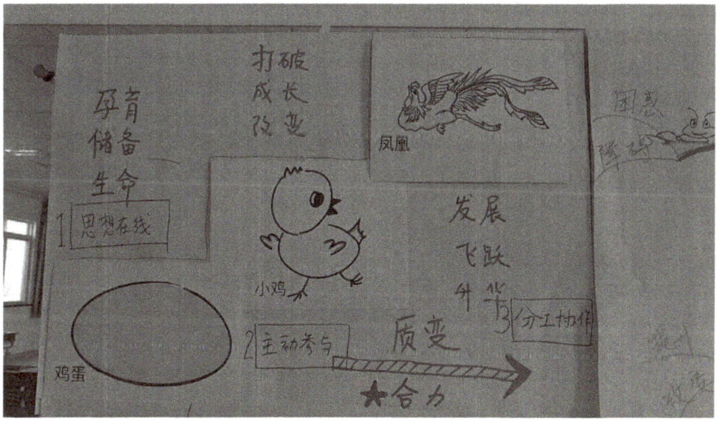

图 12.5　视觉共创 1

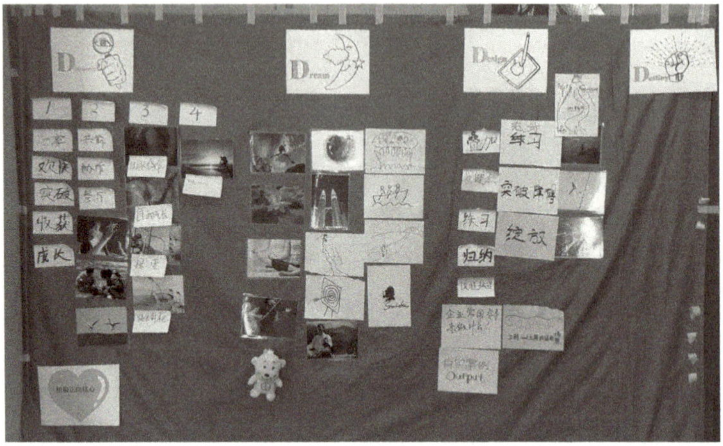

图 12.6　视觉共创 2

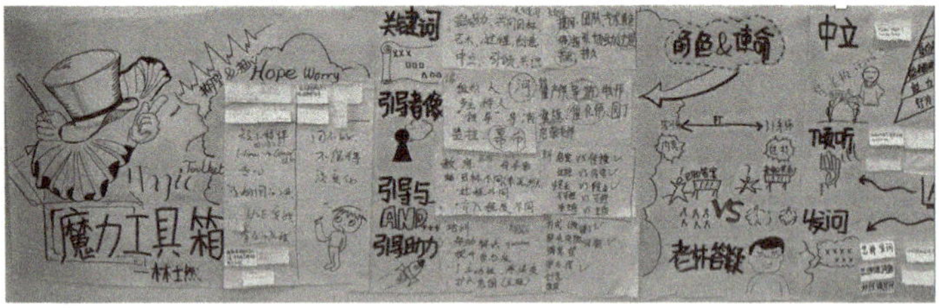

图 12.7　视觉共创 3

图 12.8　视觉共创 4

情境创设

2010 年，我提出了情境式培训的特征：情境式培训将授课平台与表演舞台融为一体，平日枯燥乏味的管理培训从此变得生动、有趣，培训从此不再是一场讲师的个人秀，而是一出众人齐参与的戏剧。在这出戏剧中，剧本由讲师管理，借助一定的舞台演绎技术手段、艺术化手法、表演技巧和现场控制技巧，学员犹如身临管理现场，同时感到非常轻松和富有创造力。

场域和角色的变换给参与者带来的不仅是新鲜感，更重要的是热情的点燃和潜能的激发。日常培训中的角色扮演和情境模拟大家再熟悉不过了，几乎每次都很出彩，这源于参与者创造性的演绎和工作坊场域的刺激。优秀的引导师善于创建情境，小到一个情境再现的开场，中到一场隐喻的挑战和探险，大到虚拟主题的整个工作坊。例如，引导师在运用世界咖啡时，精心准备，用心布置，使用各种道具，就是为了让工作坊现场体验起来像一个真正的咖啡馆；引导师带领鱼缸会议时，会把现场布置得像一个鱼缸一样；引导师带领波浪分析时，会努力铺垫，激发大家的右脑思维，让大家把一个组织的发展状态呈现在波浪形画面中。好的情境创设可以让参与者置身其中、沉浸其中、乐在其中、成在其中。情境创设常用方式如表 12.2 所示。

表 12.2　情境创设常用方式

单位：分

常用方式	常见做法示例	设计灵活性	活动趣味性	现场可能性	对参与者的挑战	活动时效
场景设计	视觉墙挂起来，音乐响起来	3	1	1	1	1
情境重现	回放一下过往的做法	1	1	1	2	2

续表

常用方式	常见做法示例	设计灵活性	活动趣味性	现场可能性	对参与者的挑战	活动时效
角色互换	客我角色互换	1	2	2	3	2
隐喻故事	暂时进入另一个空间	2	1	2	2	2
沙盘游戏	模拟一场商业实战	2	2	2	3	2
隐喻剧场	两个“下级”脑洞大开，不断给“上级”制造难题	3	2	3	2	3

情境创设以工作坊目标和参与者体验为中心，借助场景的变化让参与者从懒得参与到好奇参与；借助角色的变化让参与者从自我防卫到开放尝试；借助任务焦点的转移让参与者从严肃、痛苦到轻松、开心；借助关系的变化让参与者从同而不和到和而不同。情境创设流程如图 12.9 所示。

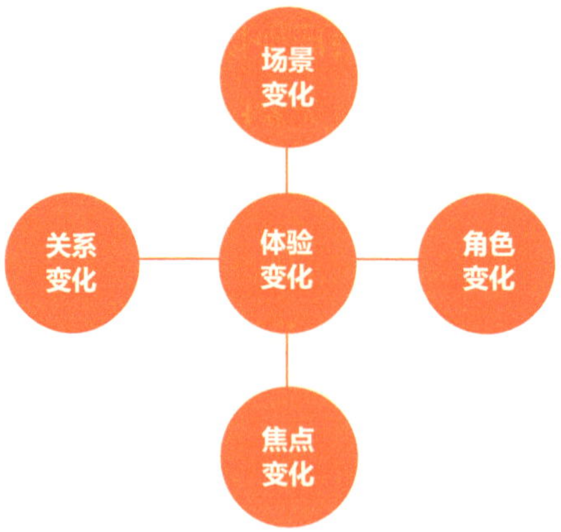

图 12.9　情境创设流程

收敛漏斗

收敛漏斗是指像漏斗一样开展收敛工作。收敛是一个将想法由多变少的筛选过程，是一个将想法逐步落地的评估过程。收敛阶段关乎有质量的想法的留存，关乎将共识变为现实。假如我们面对 30 个想法，收敛漏斗就是要从中筛选出三个共识决议，收敛做得是否充分是工作坊成败的关键，也是引导师功力的体现。市面上的收敛工具有很多，如决策收益矩阵、多维决策收益矩阵、Will-Can-Must、点投法与分投法等。通过总结和分析这些收敛方式，我发现收敛的过程必须遵照循序渐进、逐步收敛和确保参与这三个原则。我用“收敛漏斗”来统称收敛过程中的工具。

在实际操作时，收敛漏斗可以分为三个关键步骤。第一步是将想法的筛选和评估要素一股脑儿地摆出来，如投入度、收益度、可操作性、创造性、挑战度、杠杆性、意愿度、资源水平、重要紧迫度、共识度等。第二步是将筛选评估要素进行适当的归类和排序，形成三类或三层收敛程序，如创造性、收益度、杠杆性为第一个层次的收敛标准，挑战度、重要紧迫度和收益度为第二个层次的收敛标准，投入度、意愿度、资源水平和共识度为第三个层次的收敛标准。第三步是按照三个层次，依次综合该阶段的标准或要素，进行想法归类、衡量或打分，筛选出来的想法进入下一个层次，直至形成最后的共识决议。

收敛漏斗适合想法较多且筛选评估要素较多的场景，用好收敛漏斗可以让参与者对最终的决议更有共识。收敛漏斗的过程以钻石模型为基础，避免了想法收敛过快、收敛标准不统一、过程过于粗暴的收敛做法，是引导师在工作坊后半段的重要工作内容和工具。

行动矩阵

行动矩阵是工作坊尾场阶段的成果呈现方式，是在拼图共创与甘特图的基础上形成的引导工具。行动矩阵，顾名思义，就是形成一个包含多项行动的矩阵，让全体参与者不仅看到自己的行动计划，也看到整体的行动计划。行动矩阵是拼图共创的结果，是框架更加固定的行动拼图。行动矩阵的横向维度一般是部门岗位角色或时间，纵向维度一般是战略主题、重点工作或关键策略，两个维度的交集点是更加细化的行动举措、里程碑事件或关键成果等。行动矩阵直指一场工作坊的焦点目标产出，是战略解码、问题分析与解决、跨部门协作等工作坊的最终成果产出。行动矩阵有助于固化工作坊尾场的引导动作，便于引导师提前规划工作坊成果产出布局，便于工作坊发起人、组织者和参与者见证引导的魅力和跟踪工作坊的成果。

设计提示篇

第 13 章

工作坊场域设计

何谓场域

工作坊是一个特殊的空间，这个空间不同于人们工作的位置，即便处在同一个会议室，也需要让大家拿出与平时不一样的表现。要实现这一点，场地必须注意布局和设计。人们的行为构成了环境，环境反过来也会影响人们的行为，优秀的引导师能够将平淡无奇的场地打造成创造神奇的场域。

场域，源于英文 Field，也可以译为“气场”或“一片特殊的区域”。在引导中，我们经常用场域形容引导师与参与者一起努力营造的、流动的、可感知的空间和气场。场域既包含了工作坊的物理空间，也包含了人们的心理空间、人际空间和头顶上方的隐喻空间。有的场域会让我们感觉浑身放松、心旷神怡，而有的场域会让我们感觉不对劲、不舒服。

场域的四个联想

（1）平静的港湾。港湾内是一个小的场域，大海则是另一个场域。外面波浪汹涌，里面风平浪静。场域是有边界的，同时，船儿们静为蓄势，动则远航。

（2）草原上的羊群。在牧羊人和牧羊犬的共同作用下，羊儿们整体聚集，偶尔漂移，看似散乱，实为探路，鞭声响起，回归集体。（记得魔力工具箱©课上有学员说引导师就像牧羊犬。）

（3）沙丁鱼群。在海豚的作用下，沙丁鱼群不断变换造型，以最大限度地减少数量损失。它们知道，一旦脱离群体，个体生存的概率就会更低。没有头鱼领导，每条鱼皆为领导。

（4）雁群。在头雁的带领下，大雁们相互借力，整齐有序地飞行，一会儿排成一个“人”字，一会儿排成一个“一”字。头雁们轮换，飞行缓慢的大雁会有同伴陪伴。

场域的四个典型特征

由以上场域的联想，可以得出场域具有以下四个特征。

（1）场域是富有生机的。场域包含了丰富的生态，如同一锅汤，各类食材在锅中上下翻滚、各有滋味。进入其中，场域会包容你、滋养你。场域有一股特殊的能量，就像雨露，让你舒服地成长。

（2）场域是有边界的。场域的边界有时是一扇门，打开之后就进入了一片新天地;有时是一道篱笆,跨出去,外面是真实的世界。门有锁,篱笆有高度,关键是你，有没有钥匙，有没有走出去的勇气和决心。进入场域，你选择做主人还是客人?

（3）场域内是有规则的。场域内看似无序，实则有序，有显性规则，也有隐形规则。规则像一股无形的力量，你可以将其视为枷锁，也可以选择长袖善舞。适应规则，破坏规则，或者与大家一起共创新的规则，取决于你的能量，取决于你的影响力。

（4）场域是流动的。场域如同融化的金属，如同涌动的岩浆，上一秒还是坚硬的、冰冷的，下一秒却是液态的、温暖的。场域的这种变化，源于一群陌生人忽然有了共同的方向，源于人与人之间达成了一种默契，源于人与人连接彼此、沉浸其中。

场域的设计

场域设计的内容

场域设计包含三个方面的内容，一是工作坊场地的选择；二是工作坊场地的布置；三是工作坊参与者所需要和期望的氛围。

1. 工作坊场地的选择

工作坊场地的选择一般包括三种情形，即工作场地的会议室或培训教室、企业培训中心的教室或酒店的会议室、度假区酒店的会议室。整体来说，远离工作环境、周边环境良好的场所是最佳选择。需要注意的是，有时候需要在公司会议室和附近的酒店会议室之间做出选择，此时不仅要考虑工作坊的定位，还要关注会议室的配套设施是否完备，甚至是否具备自然光等细节。

2. 工作坊场地的布置

整体上，场地布置需要满足群体对话的需要、成果产出的需要和人际连接的需要。工作坊中需要有大量的群体之间的对话，对于不便于分组和组内对话的场地需要做出调整，因此很多引导师都将工作坊场地摆成一个圆圈或U形。同时，大部分工作坊都需要产出成果，引导师要考虑好成果产出的位置、便利性和参与者的体力，在不摆放桌子的同时一定要布置一些墙面或桌面方便书写。分组过后，为避免各组之间形成孤岛，要适当地变换组员或进行小组之间的对话交流，让成果产出代表集体智慧。

3. 工作坊参与者所需要和期望的氛围

首先，为了满足对话的需要，工作坊需要设置一系列参与规则和对话规则，如倾听每个人的声音、保持单一对话、多倾听少评判等，确保参与者敢于表达真实的声音。其次，恰当地处理工作坊中的观点冲突和流程冲突等，避免为了控场而忽略真实的声音，或者放弃对共识的更高追求。最后，从成人学习的原理和规律出发，从体验目标出发，在流程设计和视觉呈现等方面，兼顾各种学习风格、参与风格和性格特质的潜在需要，避免为了焦点目标而破坏参与者的体验。

场域设计与保持是引导师的核心工作之一，有经验的引导师会依据现场参与者的反映和目标需要，不断调整和引导场域，让参与者能够营造积极的场域，也让参与者得到场域的滋养。

场域设计的原则

场域设计既是引导师的工作内容，也是引导师的工作目标。在进行场域设计时，建议引导师遵循三个原则。

1. 争取最佳场域原则

如果引导师能够提前参与工作坊场地的设计，那就有责任和义务告知组织方本场工作坊所需要的特殊场地和布局方式，以避免组织者仅依据预算和过往的培训习惯来选择场地。

2. 适当改造场域原则

当场地无法更改，或者只有一个次优选择时，引导师有必要对场域进行提前规划和设计，如调整布局、创意摆放物料道具、粘贴氛围海报等，让参与者来到现场有一种与以往不一样的感觉。

3. 积极引导场域原则

当场地环境无法选择时，引导师要将自己变为引导工具，运用规则共创协商、流程优化调整和轻松化解冲突等方式，让参与者不受外界环境的影响，专心、专注地投入工作坊。

场域设计的注意事项

依据个人的观察和经历，我分享三点场域设计的注意事项，供大家参考。

（1）避免喧宾夺主，不要为了场域而设计场域，不要选择过于花哨的操作，不要让形式大于内容。

（2）处理好视觉记录与视觉共创的关系，发挥好电子视觉呈现的价值，尽量让参与者参与到视觉共创中来，发挥好引导师、视觉记录师和参与者三方的作用。

（3）要敢于放弃场域设计炫技的虚荣心和表现欲望，将注意力放在议题选择上来，推动参与者自主构建场域、维持场域和管理场域。

REST场域管理模型

在工作坊场域创建过程中，规则（Rules）、能量(Energy)、空间(Space)和时间(Time)是四个至关重要的因素，合在一起构成了REST场域管理模型，如表13.1所示。引导前，引导师利用REST场域管理模型，可以获得一些系统的指引和实用的提醒。

表 13.1　REST 场域管理模型

要素	内容	详解
规则（Rules）	规则构建与管理	学习秩序规则、对话研讨规则、争议处理规则
能量（Energy）	能量管理	能量补给：进食、娱乐、游戏 能量导向：现场气氛营造、人际连接 能量规划：设计焦点目标和体验目标达成路线
空间（Space）	物理空间与关系空间管理	物理空间：涉及工作坊位置、空间、布局、光线、气味、温度、道具等 关系空间：涉及彼此熟悉活动、活动中角色、交谈空间和机会等
时间（Time）	时间管理	整体时间、时间分布、议程安排、课程节奏

在引导过程中，管理掉队现象是确保 REST 模型落实到位的关键挑战。作为工作坊设计者，应该未雨绸缪和保持敏感，掌握多种应对困境的方法，让工作坊的场域能量聚集起来，节奏张弛有度，状态放松而不垮，严肃、紧张、团队、活泼。

管理掉队现象的引导技巧如表 13.2 所示。

表 13.2　管理掉队现象的引导技巧

管理掉队的引导技巧	典型价值	适用场景示例
共建参与规则	激发自主管理	中小型工作坊
使用停车场工具	暂时搁置话题	讨论严重偏离主题
设计现场反馈表	及时了解期望	中小型工作坊
课上修改参与规则	及时管理各类掉队现象	掉队现象严重
赋予特殊角色	让大家各负其责	出现挑战学员
开展需求群体研讨	让问题解决成为对话和学习机会	参与者需求差异大
借助外部力量	快速直接干预	时间紧迫，最后一招

另外，对掉队现象及时记录并总结经验，有助于引导师的长期成长。我经常借助过程记录表（见表 13.3），把掉队现象和自己的应对措施快速记录下来，过段时间再来回顾，就会产生新的应对办法。经过不断尝试，就能从容应对那些常见的问题了。

表 13.3　过程记录表

时间		记录事项	调整事项	自我觉察
第一天	上午			
	下午			
	晚上			
第二天	上午			
	下午			
	晚上			
第三天	上午			
	下午			
	晚上			

案例

从场地到场域

以下是我的魔力工具箱©课程现场。

对话圈现场（见图 13.1）：宽松而友好的对话氛围从平等而互动的圆圈开始，刚开始座位之间距离不宜太近，否则会让人感到压抑、紧张。似乎还少了什么？中间摆上几盆生机勃勃的绿植，感觉会有何不同？

主题海报、课程逻辑与时间安排（见图 13.2 和图 13.3）：一进入教室，就让大家看到这些内容。

图 13.1　对话圈现场

图 13.2　主题海报、课程逻辑与时间安排现场 1

图 13.3　主题海报、课程逻辑与时间安排现场 2

课程开始后的现场如图 13.4~ 图 13.7 所示。

图 13.4　课程开始后的现场 1

图 13.5　课程开始后的现场 2

图 13.6　课程开始后的现场 3

图 13.7　课程开始后的现场 4

老林分享

引导师擅长借助多样的对话形式构建场域，激活现场的能量和资源，推动对话轻松、广泛而深入地进行。以下六类对话形式是优秀的引导师经常使用的“套路”，分享给大家。

1. 一对一的对话

优势：关注度高、对话持续。

风险：面对陌生人的紧张、质疑或回应的压力、对某一方（如教练）的更高要求、其他人参与度不好。

提示：工作坊引导中一对一的对话一定要控制时间，尤其是引导师与参与者之间一对一对话出现的频率要严格控制。

2. 一对多的对话

优势：时间掌控、场面“秩序”。

风险：“一”的发言质量压力、“多”的关注力和个性化需求压力。

提示：会议出现产出质量不高和共识不够的原因之一在于对话形式过于单一和粗暴，一对多和一对一的对话占了主导地位；判断一名培训师是不是引导式培训师，核心指标就是看一对多的对话在整体课堂上的时间比例；在纯引导型工作坊中，一对多的对话也应注意控制时间，并把握“一”的分享价值，积极关注“多”的现场反应。

3. 同时一对一的小组内对话

优势：同时集体参与、对话观点私密。

风险：内容产出质量不高、个性化偏题讨论。

提示：在引导式培训中，同时一对一的小组内对话是最常用的对话形式，也是实现信息转移的重要一步。在纯引导型工作坊中，引导师也经常使用这种形式。

4. 以小组为单位的组间对话

优势：小组间智慧融通与流淌。

风险：可能会陷入群组间 PK 的惯例。

提示：在体验过后的反思环节，引导师经常组织小组间交流，推动大家学习更多内容。

5. 同时多对多的大范围对话

优势：同时集体参与、对话范围更广。

风险：看上去无序。

提示：同时组织参与者进行大量的、更大范围的对话，这是引导师的关键技能和核心表现。

6. 参与者的自我对话

优势：连接自我、赋予参与者自省和责任感。

风险：铺垫不够、关注力引导不够。

提示：优秀的引导师懂得留白，懂得让参与者自我探索、反思觉察，让参与者参加工作坊前后发生变化。

第 14 章
开场设计与离场设计

开场设计

工作坊的开场至关重要，好的开场有助于创建与以往培训和会议不同的场域氛围，调动参与者的投入意愿，并让大家对工作坊的引导和接下来的工作产生期待和好奇。

工作坊的开场需要花费的时间依据工作坊的整体时间而定，依据一场工作坊中参与者在焦点目标达成方面的影响度和重要性，原则上开场不宜占 1/5 以上的时间。进行开场设计时应考虑的事项如图 14.1 所示。

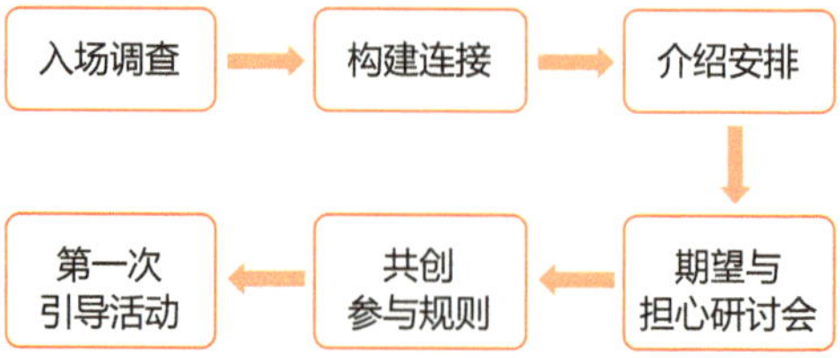

图 14.1　进行开场设计时应考虑的事项

入场调查

入场调查示例如图 14.2~ 图 14.5 所示。

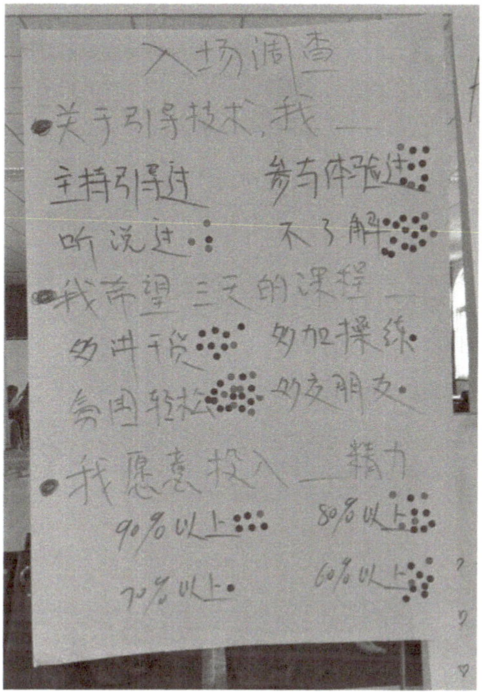

图 14.2　入场调查示例 1

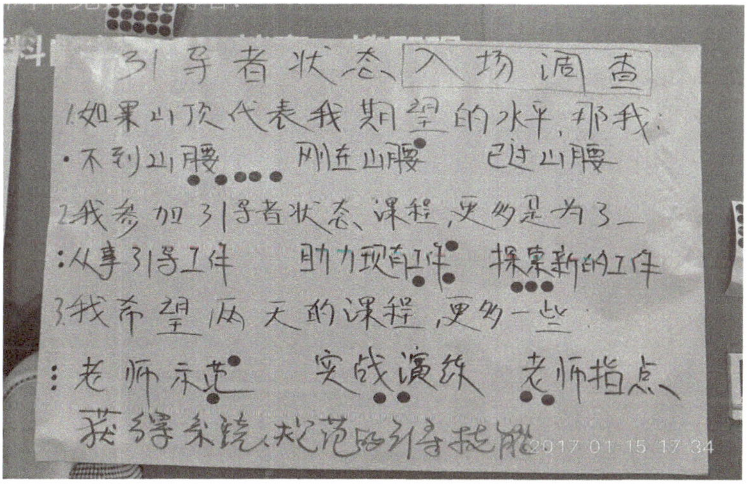

图 14.3　入场调查示例 2

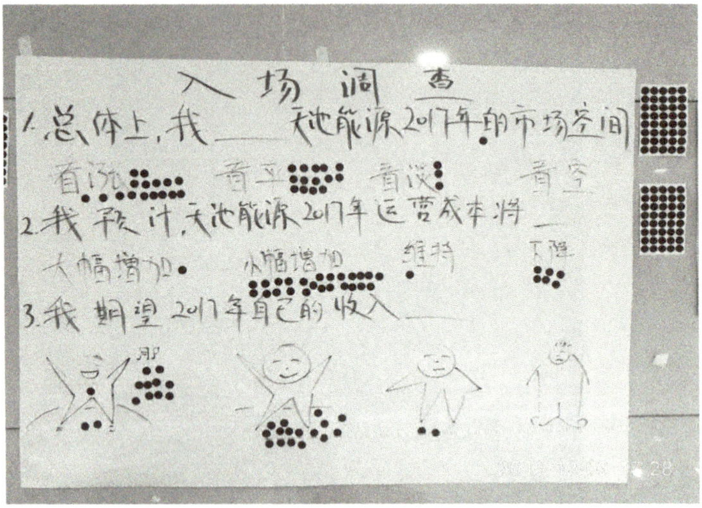

图 14.4　入场调查示例 3

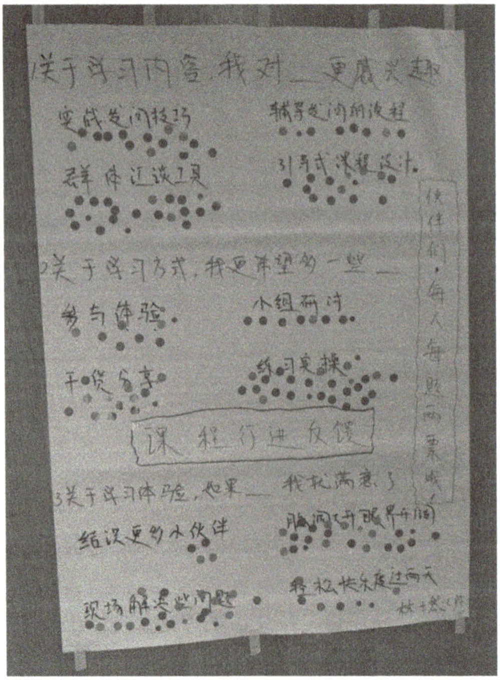

图 14.5　入场调查示例 4

入场调查的六大典型价值

入场调查的六大典型价值如图 14.6 所示。

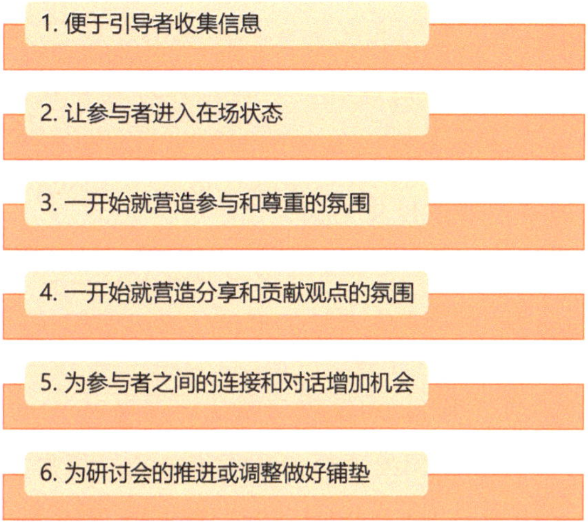

图 14.6　入场调查的六大典型价值

入场调查设计前准备

（1）确定会议 / 培训主题、涉及的核心内容和核心问题。

（2）了解本次参与者的体验目标（期望、收获、氛围）。

（3）确定哪些事项（内容、授课形式）与参与者的体验目标最相关。

入场调查问题示例

（1）我接触引导多久了?

很久了　比较久　不算久　刚刚

（2）我学习引导是为了什么?

做引导　做培训　做管理　做咨询

（3）我对哪个引导工具更感兴趣?

头脑风暴　世界咖啡　漫游挂图　亲和图 2.0（团队共创）

备注：没有合适的选项可以不选。

试一试

试着为你的一门课程、一场工作坊或会议设计一次入场调查。设计完后，再思考两个问题：如何快速设计好入场调查？有何规律可循？

入场调查注意事项

（1）使用第一人称“我”，方便填写者快速填写。

（2）人数较多时，尽量用单选题，选择简单的投票方式，缩短填写时间。

（3）不明知故问已经掌握的信息，及时调整调查内容，让入场调查更有力量。

（4）调查内容应与研讨会的主题和参与者紧密相关。

（5）入场调查得到的数据可作为研讨会的内容或依据。

（6）引导师应依据入场调查的内容适当调整研讨会进程或内容。

（7）入场调查的第一个问题往往从容易回答的数据信息开始。

（8）加入视觉元素，会让入场调查更生动和更好玩。

（9）入场调查的问题不宜超过四个，问题设置宜简单、明确、容易回答。

（10）入场调查的形式可以多样，可以加入创意。不同的形式有不同的特点。

① 海报形式：视觉化、直观、可保留，人数较多时需要有人引导。

② 口头形式：简化数量，根据人数计算好时间。例如，“用一个字表达当下的心情”“伸出手指显示能量指数”。

③ 在线形式：现场可看到动态变化，注意检查手机网络，调查无法一直

保持视觉化。

④ 团队形式：加入肢体动作，迅速促进信息浮现和团队交流。例如，现场依据年龄排队，依据新团队的特征用一个集体动作宣布大家的到来。

（11）入场调查在第一天可以使用，在第二天开场或课程的新内容开始时也可以使用。

构建连接

通过构建连接，营造安全、轻松、开放的氛围，既是工作坊目标达成的支撑，也是工作坊的重要内容。构建的连接主要有三个。

引导师与参与者的连接

引导师与参与者或许是第一次见面，共同完成一个活动有助于增强参与者对引导师的了解，有助于增强引导师的亲和力，有助于增进双方的配合度和默契度。

参与者之间的连接

让参加工作坊的伙伴熟悉一同体验和学习的其他伙伴，有助于大家缓解紧张不安的情绪。引导师要借助一两个简单的活动，让大家放下彼此的工作角色，放下各自过往的认识偏见，从谨慎犹豫的状态调整到尝试探索的状态。

参与者与本次工作坊主题和目标的连接

好的连接活动不仅可以实现参与者的开心一笑，还可以让参与者提前感受到本场工作坊的主题基调和目标达成需要做的准备。

设计提醒

（1）保持敏感，照顾到所有人。连接活动的形式与参与者的风格保持匹配，尽量不要安排让大家觉得难受的活动，如让一群外企员工表演二人转。连接活动的难度与参与者的喜好要匹配，尽量不要安排超过大家能力极限或显露差别让人尴尬的活动，如为一群基层员工安排一些测试智商的头脑类活动。连接活动的竞争性与参与工作坊追求的平等氛围要保持一致，尽量不要安排一些团队 PK 活动，如看哪个团队最先完成任务就加分奖励。

（2）用心设计，让活动成为加分项。将工作坊中的能量活动和人际连接活动相结合，如进行甜品奖励，尽量让参与者感触到活动的多层次、丰富性或流程的多样性，努力让参与者对工作坊的“气味”印象深刻和记忆悠长。

（3）增加技能储备，确保活动信手拈来。引导师的工具箱越丰富，越能满足参与者的即时需求。优秀的引导师不仅懂得设计备选方案，还可以根据现场参与者的状态和需求临时设计活动。

（4）保持灵活，让活动具有创造性。除了一些常用的活动，引导师还要敢于适度突破一些框架和规则，甚至现场不断变换规则，增加活动的趣味性和新鲜度，同时让参与者的表现成为活动创造性的源泉，让参与者享受共同创造的过程。

介绍安排

从完整性角度看，这个环节一般涉及三部分内容。

（1）介绍本场工作坊的发起背景、主体、目的、目标、期望和引导师等，最好由发起人或其代言人来阐述。

（2）介绍工作坊的日程和流程安排，以及工作坊的设计过程和逻辑。这部分由引导师来介绍，更容易促使参与者了解引导师。

（3）介绍本场工作坊中发起人、参与者和引导师的职责与角色设想，必要时介绍为什么如此安排。这部分由引导师来介绍，可以确认自己已经被大家赋权。

设计提示

（1）在介绍安排这个环节，有时引导师也会让参与者补充议题或由参与者提出议题，确保参与者在本场工作坊中有主人翁意识和责任感。

（2）如果参与者对流程和安排等有疑问，尽量先记下来，商量着来，态度切不可以过于强硬，给大家造成“只是假装尊重我”的印象。

（3）介绍完相关安排后，发起人的角色和位置需要根据之前的约定执行。

发起人/代言人讲话示例

大家好！我们本次会议（主题）是……完善研讨会。

本次会议发起人为 Y 总（总经理），我（副总）是会议主持人，由市场部牵头负责本次会议，收集、记录大家的想法，并进一步完善草案。

本次会议（定位）为《全省系统对标工作实施意见》（以下简称《实施意见》）下发前的阶段性研讨会，旨在集合众人智慧，群策群力研讨对标工作策略，补充、修改和完善《实施意见》，以提升全省系统的市场竞争力。

本次会议的目标是让大家在更好地理解市场部《实施意见》的想法的基础上，提出更多含金量高、针对性强、可实施的真实想法，以补充、修改和完善《实施意见》。同时，希望大家在这一过程中相互借鉴经验，并对全省系统的对标工作有全局性的思考和认识。

（会议的重要意义）大家都知道，对标工作是我们当前实现战略目标的基础和核心工作，这项规划如果设计得不好，不仅影响我们战略目标的实现，影响员工对我们的信心，也直接影响大家的收入。

（为什么召集大家来参加此次会议）在座的各位都是对标工作的重点单位，也是对对标策略方案影响最大的单位，我们想在方案制定阶段就倾听大家的意见和想法，在市场部初稿的基础上，借助各位的智慧把方案做得更加完善。

（本次会议的特殊安排）本次会议意义重大，大家的时间也很宝贵，为了让会议取得更好的效果，在Y总的建议下，我们最终邀请到A咨询公司的专业引导师林老师来引导今天下午的会议，所以我估计本次会议会与我们传统的会议有些不同，希望大家积极踊跃地研讨，主动配合林老师的引导。

（引导师的专业权威铺垫）林老师是具备国际认证资格的会议引导师，我相信在专业老师的带领下，我们一定能实现会议的预期目标。接下来，让我们把时间交给林老师，欢迎林老师！

期望与担心研讨会

引导师有必要进一步了解本场工作坊参与者的期望与担心，尤其是当大家对接下来的安排有了一定的了解后，这个环节有三个典型的价值。首先，引导师可以整体把握参与者的期望与担心，并可以进行适当的干预。其次，赋予了参与者吐露心声的机会。最后，促进了参与者之间的进一步连接。

期望与担心研讨会示例如图 14.7 所示。

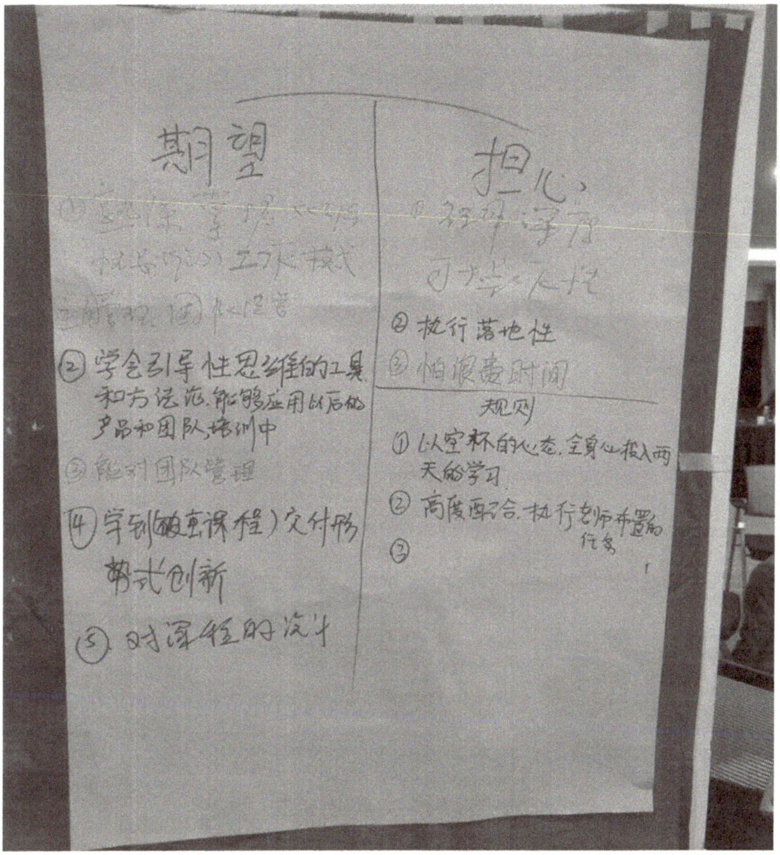

图 14.7　期望与担心研讨会示例

设计提示

（1）引导师阐明主题和目标产出。引导语言示例：关于这两天的引导技术学习，我想了解大家的期望与担心，期望可以是对学习内容的期望，也可以是对一同来学习的伙伴的期望，还可以是对自己的期望，描述得越具体越好；担心主要是指一些可能影响期望达成的事情，如担心学习环境不够轻松，也是描述得越明确、越具体越好。

（2）引导师介绍书写格式和时间要求。引导语言示例：大家可以在自己拿到的海报上画一个 T 字形，左边写期望，右边写担心，时间是八分钟左右，希望每个人都能写下自己的想法。

（3）参与者快速发布期望与担心。引导语言示例：每个人的想法都很重要，我们今天尝试不同的发布形式，采取转圈穷尽想法的形式，每个小组发布一个想法，下一个小组接着发布一个与之前不同的想法，先从期望开始吧！

共创参与规则

基于参与者的期望与担心，参与规则更有指导和约束价值。引导师可以让参与者基于收集的所有人的期望与担心，制定参与规则。

引导语言示例：现在我们大家都听到了不同的期望和担心。接下来，请大家试着站在全场的角度，想一下本场工作坊应该有哪些共同的学习规则或参与规则，有了这些规则，我们的期望可以达成，担心的事情不会发生。我这里已经有了一个示例——保持电子设备静音。每个小组可以指定 3~5 条规则，之后我们再一起来看一下。

各个小组在参与规则制定之后，引导师可以邀请大家把所有规则贴在一起，就其中大家有异议和有疑问的规则进行研讨。也可以将大家的规则进一步共创，形成一张整体的参与规则。

第一次引导活动

这是引导师与参与者的第一次真正合作，是切入主题和目标研讨的第一小步，我一般将这个环节称为“充分预热”。在充分预热阶段，引导师要达成三个目的：激发、连接和共享。

（1）激发：激发大家对主题和目标的参与度及学习的积极性。通常采用的方式包括浮现问题、呈现压力和阐明收益。

（2）连接：基于主题和目标将参与者连接在一起，让大家有“我们一起”的意识。通常的步骤是分组研讨、呈现差异和集体发布，简单来说，就是总－分－总模式。

（3）共享：基于主题和目标引发参与者相互之间分享经验和传递感受。通常的方式包括经验分享、焦点讨论和提出新挑战。

设计提示

（1）活动指令一定要明确，减少大段的语言指令，尽量一次一个指令。

（2）活动设计应尽量从容易到困难，循序渐进地进行，防止第一次活动挫伤大家的积极性和参与度。

（3）活动结束后，确认收获，并对团队表现进行适当的鼓励和赞美。

离场设计

离场环节至关重要。工作坊离场环节的设计需要考虑的事项包括以下几个。

（1）回顾工作坊主题、目标、内容、进度，依据工作坊成果产出落地评估表（见表 14.1）审核内容产出的质量，最终确定产出。

表 14.1　工作坊成果产出落地评估表

评估项目	是（√）	否（×）
1. 成果产出明确了具体做些什么且无遗漏		
2. 成果产出明确了哪些人负责整体推进		

续表

评估项目	是（√）	否（×）
3. 成果产出明确了哪些人负责具体执行		
4. 成果产出已经有较明确的整体时间计划		
5. 成果产出落地后的成果可衡量、可评估		
6. 成果产出明确了工作联系与推进机制		
7. 成果产出落地前已经衡量了投入产出比		
8. 成果产出的责任人和执行人都有意愿推进落实		
9. 成果产出的责任人和执行人都有能力推进落实		
10. 成果产出的责任人和执行人都有义务推进落实		
11. 成果产出落地的推动力量和支持力量已经明确		
12. 成果产出落地的关键阻碍力量已有应对策略		
13. 成果产出万一无法落地的备案计划已有考虑		

（2）处理被暂时搁置的事项和个性化问题，回应大家在最后阶段提出的疑问。

（3）依据工作坊的目标和合约，收集或确定工作坊产出转化为具体收益的工作建议和行动计划。

（4）庆祝共同参与、共同体验、共同学习，以及收获和成长。

（5）邀请所有参与者或有强烈表达意愿的参与者或发起人发言（视时间而定），鼓励大家做出承诺和后续行动。

（6）离场调查，确认信息，激发责任，获取反馈，激发行动。

离场调查有时会与工作坊满意度评估相结合，如表 14.2 所示。

表 14.2 工作坊满意度评估

评估项目	好	中	差
1. 本场工作坊主题的选择			
2. 本场工作坊目标的达成			
3. 本场工作坊对我工作的推进价值			
4. 本场工作坊对我的学习和成长的价值			
5. 本场工作坊时机和时间的选择			
6. 本场工作坊地点的选择			
7. 本场工作坊的后勤与行政安排			
8. 本场工作坊的流程与环节设计			
9. 本场工作坊中引导师团队的表现			

设计提示

（1）闭场圈是引导师最常用的工具，即引导师邀请大家围成一个圆圈，针对自己的收获、学习状态、接下来的行动等进行宣布，或者对工作坊过程中引导师与参与者的配合等表达欣赏。引导师在表达时应注意言辞，不要让参与者觉得自己的时间和精力是为引导师和发起人而投入的，让参与者继续保有责任感和拥有感至关重要。

（2）把握好离场环节的主基调，建议引导师保证有充足的庆祝成长和收获的时间，哪怕在此环节安排了一些实践活动和竞争性活动，也应更多地让参与者看到自己的成长和变化。让全体参与者保持整体性，尽量避免设计一些抬高某些人、挫伤更多人的活动。

（3）不妨尝试加入一些艺术化的形式，营造一个积极、柔软、开心的氛围，更多地照顾到参与者的感受需求、人际需求和社会性需求，如设置庆祝蛋糕、庆祝酒会、角色扮演、情境戏剧等，增强参与者的体验，让工作坊的场域和产出在参与者脑海中维持更久。

（4）离场环节的规划时间应尽量充足，尽量与之前的工作状态区分开来。经常采取的形式包括进行一场将上一个活动翻篇的仪式、增加一次能量切换活动、中间休息一次、重新布置会场、重新调换音乐等，确保让离场环节发挥其独特的价值。

（5）在离场环节应多设计备选方案，做到从容切换。例如，原本设计的环节需要 30 分钟，但引导师发现参与者精力已经几近枯竭或心不在焉，此时必须调换活动，以照顾大家的能量状态和时间需求，哪怕需要减少一个理性的功能需求。

（6）离场环节的设计侧重收集参与者对工作坊整体质量的反馈，这涉及对发起人、组织者、引导师和参与者四个关键角色的整体评估。换句话说，如果调查结果并不理想，这不只是引导师一方的责任；如果只针对引导师一方进行评估，则需要使用工作坊现场满意度评估表（见表 14.3），切忌用传统的培训满意度评估表来评估工作坊引导师的表现。

表 14.3　工作坊现场满意度评估表（完整版）

评估项目	参考评估标准	优秀（5）	好（4）	及格（3）	差（2）	很差（1）
1. 培训内容安排	（1）知识模型必要 （2）研讨工具清晰 （3）案例故事启发					
2. 整体流程设计	（1）流程逻辑合理 （2）流程逻辑完整 （3）大小流程清晰					

续表

评估项目	参考评估标准	优秀（5）	好（4）	及格（3）	差（2）	很差（1）
3. 参与活动设计	（1）参与活动有效 （2）参与活动丰富 （3）活动指令清晰					
4. 时间节奏把控	（1）时间长度合理 （2）时间分布合理 （3）节奏富有变化					
5. 现场能量调节	（1）群体能量聚焦 （2）调节匹配目标 （3）调控张弛有度					
6. 现场冲突应对	（1）借力规则防控 （2）引导冲突对话 （3）共识新的选择					
7. 成果产出质量	（1）符合预期目标 （2）方便后续应用 （3）推动持续完善					
8. 成果的共识度	（1）检验成果共识 （2）倾听少数声音 （3）推动共识对话					
9. 预期目标达成	（1）发起人表达满意 （2）参与者表达满意 （3）组织者表达满意					
10. 引导师的表现	（1）引导目标达成 （2）推动深度对话 （3）保持中立灵活					

第 15 章

工作坊设计过后

工作坊设计预演

工作坊设计的过程就是引导师不断推演的过程，无论是发起人同理心地图和参与者同理心地图的绘制，还是参与者风格分析，都是让工作坊像一个剧场一般提前在引导师脑海中上演。工作坊预演和彩排既可以放在设计引导流程之前，也可以放在设计引导流程之后，分别发挥不同的作用。对经验不够丰富的引导师来说，一次成型的工作坊设计往往都有需要改善的地方，尤其是自己独立完成的工作坊设计。我的经验和建议是在工作坊设计过后，先冷静一下，至少过一晚之后再提交给客户，因为越复杂的工作坊越需要不断地预演、推倒和重建。

提问彩排

工作坊设计是一项系统的工程，引导师不仅需要熟练使用工作坊需求确认表和工作坊流程设计表，还需要有项目管理的常识，不断积累经验、固化经验。我经常用一系列表格来提醒自己是否遗漏了某些关键内容，是否考虑了与工作坊成败相关的方方面面，大家也可以使用如表 15.1 所示的提问彩排表，采取一人提问、一人回答的方式进行彩排。

表 15.1　提问彩排表

关注点	询问自己	应对举措
场地	场地符合本场工作坊的体验目标吗	
	为了适应场地，引导的过程或工具需要做什么调整	
时间	整体时间够吗？每个环节的时间合适吗	
	假如时间进度延后，可能的原因有哪些	
物料	引导过程中哪些物料需要提前准备以节省时间	
参与者	哪些人真正需要参与工作坊	
	还有哪些利益相关者需要邀请	
	参与者相互之间熟悉吗？愿意积极分享信息或进行观点碰撞吗	
	哪些参与者是关键资源？	
	参与者知道为什么此时召开这场工作坊吗	
	关于本场工作坊，各参与者的态度、观点或立场分别是什么	
	哪些参与者可能会影响工作坊的进程	
	发起人或拥护者该在何时出场？说什么话	
目标及产出	我们如何知道工作坊取得了成功？如何证明工作坊取得了成功	
	把工作坊结果变成现实行动还需要哪些资源或流程	
	发起人会如何使用本场工作坊的结果	
流程	在工作坊的充分预热阶段，该注意什么事项	
	目前设计的流程在推进过程中可能会遇到什么挑战	
	工作坊如何结束才能调动参与者对会议决策的承诺度	

预演彩排

除了提问彩排，引导师还可以选择场景推演、旅程推演和剧场推演三种视觉化形式（复杂程度依次增加），既可以真实推演，也可以在脑海中自问自答，目的就是让自己有更多的洞察，借此完善工作坊的设计并增强现场引导信心。其中，旅程推演和剧场推演本质上是借助隐喻流程和隐喻故事进行反哺设计的（原理请参见《基于隐喻技术的工作坊设计》）。

场景推演

设置四个角色，一名发起人、两名参与者和一名引导师，给予这四个角色不同的名字，选择工作坊现场的某些最关键的场景，推演当时四个角色相互之间的对话、表情和肢体动作等场景。引导师可以借助绘画、积木玩具或其他实体道具，视觉化呈现当时的情境，以获悉更多信息。

旅程推演

一场工作坊不管时间是两小时还是两天，都是一次探索与发现之旅。通过总结和提炼过往成功的工作坊的经验和流程，我发现工作坊或多或少都有如下四场旅程的特征和情怀。这四场旅程就像四个历险故事，引导师可以借助其中一场或几场来套用和推演自己的工作坊设计，并加以检验和完善。

（1）取经之旅。如同《西游记》等经典著作，因为一个召唤而选择启程，过程中历经艰难险阻，成功取到真经后，不忘使命，回归现实，将真经造福大众。

（2）寻宝之旅。如同很多电影中寻找宝藏的过程，借由发起人的意志，大家开始寻找宝藏，直到发现需要组建一个团队。拿到藏宝地图就如同参与者明确了方向、策略和捷径，开始循迹而行。当参与者面对最后的成果和宝藏时，才发现真正的宝藏其实是这个团队本身。

（3）U 型之旅。参与者似乎都会经历一场 U 型之旅。面对当前和未来的挑战，参与者共享各自的信息，触发反思、觉察和洞见，创造性地面对核心困难。在整个过程中，团队挣扎、纠结、磨合甚至需要舍弃，最终设计出让想法落地的方案，并不断挑选和测试方案，推动新奇、适用的想法应用到现实。

（4）生成之旅。一场优秀的工作坊一定会让参与者经历一次演进和成长。从个体角度看，参与者的意愿、信心和自己所拥有或可以利用的资源得以提升；从团队角度来看，团队所拥有的资源不仅显现出来，还得以扩大，团队的氛围和人际连接也变得更好。

剧场推演

场景推演和旅程推演都可以由引导师独立完成，剧场推演则需要由团队来完成。剧场推演就是把工作坊全场提前上演。主引导师作为导演，设置发起人、不同的参与者和引导师（单独的角色），借助道具或真人上场，演绎从开场到闭场的整个过程，经历各种潜在的矛盾冲突和兴奋欢快的时刻。推演结束后，导演和演员们分享心得体会，对工作坊设计提出建议和意见。

工作坊过程记录

在工作坊进行过程中，引导师可以借助工作坊进程记录表快速标记自己的觉察和发现，以便将来操作类似工作坊时能够做得更好。工作坊进程记录表包含三项内容：备忘与提醒、发现与觉察、计划与尝试，如表 15.2 所示。备忘与提醒主要用来提醒自己在后续流程中的注意事项，如回应某个学员的问题、处理被暂时搁置的问题、注意发起人的反馈等；发现与觉察主要用来记录流程中自己使用某些新的工具时的发现，带领某一流程时对场域的观察或对计划流程的反思等；计划与尝试主要用来记录自己计划在后面的流程中开展的调整想法。在这三项内容中，备忘与提醒主要用于本场工作坊，发现与觉察对引导师的内在成长更加重要，计划与尝试更有助于引导师积累经验，提高类似工作坊的设计与操作水平。

表 15.2 工作坊进程记录表

时间		备忘与提醒	发现与觉察	计划与尝试
第一天	上午			
	下午			
	晚上			
第二天	上午			
	下午			
	晚上			
第三天	上午			
	下午			
	晚上			

工作坊跟踪辅导

按理说，工作坊结束了，引导师的工作也就结束了，引导师可以按照合约收钱走人了。但对发起人来说并非如此，工作坊的效果到底能够维持多久、工作坊的共识能否经得起现实的考验、工作坊的产出能否真正落地，都依赖对工作坊进行跟踪和辅导。由此，一名本着持续服务客户和为客户创造持久价值的引导师，在工作坊结束后都会进行一段时间的跟踪和辅导，确保工作坊为组织带来一定的收益。跟踪辅导事项有时会写在双方事先签订的合约中，有时不会。我设计了一个工作坊跟踪辅导表（见表 15.3），在工作坊结束时发给大家，旨在提醒发起人和参与者更加自觉地完成各自在工作坊中承诺的事项。工作坊跟踪辅导表（电子版本最佳）一般由工作坊发起人指定的组织者在工作坊结束后第一周、第二周和第三周进行跟踪和收集。

表 15.3　工作坊跟踪辅导表

时间	跟踪辅导问句	参与者	发起人
工作坊结束后第一天	我是否还记得自己在工作坊中做出的承诺		
工作坊结束后第二天	我打算如何践行自己在工作坊中的承诺		
工作坊结束后第三天	为了推动成果落地，我已经做了什么		
工作坊结束后第四天	我承诺的工作还有哪项需要加快进度		
工作坊结束后第五天	下周我计划重点推进哪项关键工作		
工作坊结束后第二周（周五填写）	本周工作坊成果落地的进度如何 已经呈现出来的突出效果是什么 面临的突出挑战与应对策略是什么		
工作坊结束后第三周（周五填写）	本周工作坊成果落地的进度如何 已经呈现出来的突出效果是什么 我打算如何庆祝工作坊成果的落地 我如何评价自己在工作坊落地中的表现		

工作坊回放反思

工作坊结束后，自我反思和获取同行的反馈至关重要，建议初级引导师参照和使用如表 15.4 所示的工作坊回放反思表。

表 15.4　工作坊回放反思表

回放反思项	做得好的地方	做得欠缺的地方
需求接洽		
主题确认		
目标确认		
流程设计		

续表

回放反思项		做得好的地方	做得欠缺的地方
内容准备			
会前准备			
引导实施	结果达成		
	参与氛围		
	流程设计		
	工具使用		
	时间节奏		
	冲突处理		
	能量管理		
	客户反馈自我觉察		
	参与者反应自我觉察		
经验与教训			
下一步学习成长计划			

工作坊案例整理

案例整理不仅有助于引导师自我成长，也有助于引导师之间开展案例交流，向客户传播引导实践，同时有助于减少引导师申请技能认证时的工作量。以下是引导规律研究院认证工作坊引导师的案例格式（简化版本），供大家使用。请先看六点填写说明。

（1）请确保案例为主引导师撰写或授意你代笔撰写。

（2）请提交现场照片以显示本案例是真实发生的。

（3）你可以选择保留客户名称，前提是内容经客户同意。

（4）案例撰写过程中如有任何疑问，请联系我 18810162070。

（5）案例撰写完毕后，请发送至 405242508@qq.com。

（6）本案例格式作为申请 CWF 认证工作坊引导师的资料，欢迎登录引导规律研究院进行浏览。

一、工作坊引导前工作流程

请简单描述您在工作坊引导前与客户确认需求的流程：

二、工作坊需求确认表（简）

1. 客户填写的工作坊需求确认表（有多少信息填写多少信息）

工作坊主题	
工作坊发起人	
为何要开展本场工作坊	1. 2.
发起人的焦点目标	1. 2. 3.
（支撑主题和焦点目标）研讨议题与内容	1. 2. 3.
工作坊结束后，成果产出或课程内容的应用场景	1. 2.
参与者角色及人数	
计划时长	

2. 与客户沟通后修改的工作坊需求确认表（未变动部分复制上表即可，变动部分请用背景颜色标注出来）	
工作坊主题	
工作坊发起人	
为何要开展本场工作坊	1. 2.
发起人的焦点目标	1. 2. 3.
（支撑主题和焦点目标）研讨议题与内容	1. 2. 3.
工作坊结束后，成果产出或课程内容的应用场景	1. 2.
参与者角色及人数	
计划时长	

3. 引导师看到《工作坊需求确认表》后，与客户沟通时，澄清、探寻或确认了哪些问题

（1）

（2）

（3）

三、工作坊流程设计框架（简）

1. 引导前设计的工作坊流程框架

主流程	流程 / 模块 / 内容（动宾短句）	时间	工具 / 方法
开场			
流程 1			
流程 2			
流程 3			

续表

流程 4			
收尾			

2. 实际引导过程中的工作坊流程（变动部分请用背景色标注出来）

主流程	流程 / 模块 / 内容（动宾短句）	时间	工具 / 方法
开场			
流程 1			
流程 2			
流程 3			
流程 4			
收尾			

3. 工作坊设计前后变动的原因说明

（1）

（2）

（3）

四、引导师回顾、反思和学习

1. 回顾：哪些环节让您印象深刻？哪些环节让您感到开心

（1）

（2）

（3）

2. 反思：从本场工作坊中学到了什么

（1）

（2）

（3）

3. 学习：本场工作坊结束后，您对引导、引导师的角色和工作有了哪些新的认识和理解

（1）

（2）

（3）

五、工作坊现场照片佐证

1. 参与者视角看到的全场照（引导师正在引导）1 张

2. 引导师视角看到的全场照 1 张

3. 最终成果或关键成果照 1 张

4. 参与者对工作坊的记录或反馈（聊天记录或朋友圈）1 张

——恭喜填写完毕

坚持成长

引导师设计的每场工作坊都不应是对上一场工作坊的简单重复，而应成为自己成长的催化剂。没有人生来就是优秀的工作坊设计者，在工作坊设计的旅途中，从来没有停滞不前的大师，唯有那些不断提升自己的人才能成为一道靓丽的风景。引导师的成长方式如图 15.1 所示。

图 15.1　引导师的成长方式

保持觉察

假如 Facilitation 的含义等同于中文中的“引导”一词，你觉得在工作坊中引导师引导的是什么呢？试着做出自己的选择，在下面括号中打√。

（　）人们的参与度和责任感。

（　）对话的方向和深度。

（　）关注点和注意力。

（　）人们的积极表现。

老林分享

一个人的表现与专注度紧密相关。绩效＝潜能－干扰。从这个经典的教练技术公式中，你会发现，如果能消除内外部干扰，就能将自己的表现提升到更高境界。工作坊设计的表现是引导参与者的能量走向，其背后是引导师自己的能量和注意力管理。

引导师要将注意力从自己身上迁移到客户身上

当引导师期望把引导工具和引导流程演绎得得心应手时，经常发现客户不配合；当引导师期望自己的引导表现得到客户认可时，往往会得到客户某个方面的负面评价；当引导师担心自己表现不好时，也会消耗自己很多的精力和能量。

引导师要将注意力从自己的头脑迁移到全身

在明星问题模型的觉察力部分，我提及从脑到心到腹的转变，初学引导的伙伴很容易把引导当作一个纯理性的科学问题，脑子里塞满了应用场景、操作流程、注意事项等内容，似乎一有空缺就必须填补。到了一定阶段后，这样真的会“走火入魔”，因为看待事情和评价事情的标准太多，反而无法放空自己。多觉察自己的感受和身体反应，如果还是没有太多感觉，就去参加一些身心灵的体验课程。

引导师要将注意力从参与者现有的状态迁移到理想的状态

不管现场参与者有没有准备好，作为引导师，当你走到现场，就必须相信大家都是拥有资源和智慧的，都是渴望达到理想状态的。随着引导经历的丰富，我越来越相信参与者的团体智慧，不管刚开始他们的行为方式如何“不理想”。逐渐地，当你扮演好催化剂的角色时，现场的化学反应就会让你得到回报。

引导师要将注意力从互动迁移到场域的流动

当参与者对引导师越来越信任后，哪怕是引导师的一个眼神，参与者都会给出回应。参与者的一声叹气也会给引导师一个信号。引导师不应满足于某个片刻的互动，而应关注引导的全过程，让双方都能感受到现场场景的变换和自己心情的转换。当现场经历了险滩、顺流、漩涡和暗流的每一刻，大家就会享受其中，场域也会变得更加轻松、灵活。

引导师要将注意力从目标迁移到现场

以终为始，似乎是引导师的典型特征，同时，这也在一定程度上影响了一些引导师的表现，因为这会让引导师偏离活在当下的状态。还有，当引导师过分关注目标有没有实现时，自己反而容易流露出急躁的情绪，甚至对接下来发生的事情失去好奇。

致引导技术学友的一封信

我们要更关注引导对客户的长久价值

我们不能只满足于参与度和责任感的提升，更要关注发起人的焦点目标有没有实现；不能只满足于文本成果的产出，更要关注如何才能让文本成果落地；不能只满足于某次研讨会引导的成功，更要努力向客户传递引导的工作方法和价值。

提高引导的成功概率

将引导与组织面临的真实问题之间的桥梁搭建起来，需要我们调整自己的专注方向。请不要沉溺于引导工具，沉醉于将引导工具和流程演绎得多么完整。引导工具来源于实践。建议加强对专业领域和行业的研究，而不只是考虑使用团队共创还是开放空间。建议不断提升过程设计技能，并修炼灵活的引导师状态。

理性看待技能认证

认证的过程和认证的结果相比，你更看重哪个？你更期望借助认证实现自我提升，还是让自己变得更加自信？我认为，不管是国内认证还是国际认证，都没有在实践中磨砺你的技能重要，都没有让你的客户满意重要,都没有做好当下的引导重要。建议你把通过认证作为结果，而不是目标。

共铸中国引导品牌

中国引导市场的发展速度和引导师学习的进度每天都在超越人们的期望。引导技术与方法虽然很多都来自国外，但这并不意味着我们只能永远做跟随者。未来引导技术的发展，除了同行交流，更多的创新来自实践和跨界，而不是亦步亦趋。我们身处中国市场，更熟悉中国客户。我们不用妄自菲薄，不用膜拜所谓的大师。引导行业没有大师。

拓展引导的影响力

引导的发展必将改变培训的走势，学习课堂变为解决问题的工作坊已经呈现燎原之势。引导与领导力相结合，将升级管理者的工作技能，激发组织的活力。引导与基层管理工作相结合，将推动对话成为解决问题的主流方式。引导与教育相结合，将推动教育理念和教育方式的转变。

附录A　中科院心理所家校共育公益项目介绍

一、项目背景

（1）中科院心理所王利刚博士在其“心理扶贫”课题研究中发现，家校共育是实现“心理扶贫”的最有力抓手。

（2）家校共育的关键是让教师能理解、认同和使用引导技术，因此，赋能教师掌握引导技术成为家校共育项目的重要一环。

（3）掌握引导的教师会鼓励、激发学生敢于想象、勇于表达、奋于创造；与家长平等互动，引导家长树立正确的教育理念，协力培养学生健全的人格。

（4）中科院心理所、内蒙古库伦旗教育科学体育局（以下简称教科体局）和引导规律研究院组建了“三驾马车”，杨晶晶为项目实施组组长。

二、项目规划和进度

2020年10月库伦旗经验萃取落地共创

- 面向家校共育中的优秀教师做家校共育经验萃取工作坊（一场40人）。
- 面向全旗校长做家校共育落地共创共识工作坊（一场50人）。
- 由杨晶晶、王玥珺两位引导师和王利刚博士（内容专家）共同带领。

2021 年 3 月库伦旗工作坊示范经验萃取

- 面向学生做“我想成为谁”等主题班会（一场 44 人）。
- 面向家长做“如何养育教育孩子”工作坊（一场 44 人）。
- 面向优秀教师做家访经验萃取（一场 30 人）。
- 由杨晶晶、王玥珺、余辉三位引导师和王利刚博士（内容专家）共同带领。

2021 年 4 月库伦旗工作坊示范技术赋能

- 面向学生做“我想成为谁”等主题班会（两场共 86 人）。
- 面向家长做“如何养育教育孩子”工作坊（三场共 86 人）。
- 赋能教师如何用引导开好班会及家长会（三场共 90 人）。
- 由杨晶晶、王玥珺、余辉、林士然、李平凡五位引导师和王利刚博士（内容专家）共同带领。

2021 年 6 月北京工作坊示范经验交流

- 库伦旗家庭教育和心理健康指导中心的未来与个人规划（一场 54 人）。
- 由杨晶晶、林士然两位引导师和王利刚博士（内容专家）共同带领。

备注：截至 2021 年 8 月，本项目仍在进行中。

三、项目影响

（一）从可量化数据来看影响

（1）一场家校共育经验萃取工作坊和一场家校共育共识落地工作坊，激发了教师和学校管理者推动家校共育的积极性和责任感。之前零散的家访经过萃取形成了一套标准的家访流程图（包含三个流程下共计 15 个注意事项）。

（2）参与共创式家长会，让家长认识到自己在孩子的教育上应该承担的重要角色和责任，并与教师共同商议学生的教育策略。在库伦旗教科体局杨海军局长的带领和要求下，库伦旗当地（12 所幼儿园，71 个班级；12 所小学，76 个班级）传统告知式的家长会变成每半年至少开展一次的共创式家长会。截至 2021 年 7 月 13 日，共计 6 873 位家长参与了共创式家长会。

（3）传统的单向灌输式的家长会转变为共创式家长会。越来越多的班级开始采用参与式主题班会形式（班会每周一次）。2021 年自 3 月 18 日以来，受训教师所在班级每周一次的主题班会有了更多的互动，不少班级学生的考试平均分均有显著提升。

（4）90 位教师接受了项目组的亲自培训，掌握了“拼图共创”这一实战引导工具，并能开展内部传播，目前已经有 340 人次的教师接受了内部引导技术的培训和转训。

（5）库伦旗教科体局为推动家校共育长期化，成立了一个家校共育心理中心，组建了一支 50 人的家校共育心理教师队伍。

（二）从非量化影响来看结果

（1）按照新的家访流程，全旗的班主任和教师陆续开展家访工作（目前仍在持续，一个班级 40~50 名学生）。

（2）家长们在共创式家长会上变得更加积极主动，对家校共育形成了理念共识，反思了过往的教育方式和理念，主动学习和调整了教育方法（如如何应对小学阶段学生玩手机的问题，过往是一味地拒绝或放任，现在是有意识地与孩子协商，共同约定使用手机的场景、时间等规则），给予孩子更多的尊重和关爱。

（3）教师们从之前单方面告知和指令式沟通方式转变为邀请、参与、共创式沟通，与家长和学生之间的关系更加平等。

（4）学生们被激励，变得更有礼貌，更加开朗自信，更愿意表达自己的想法，更愿意与家长和教师沟通互动，不少班级的学生的精神面貌和整体成绩都有所进步。

（5）成立的由专兼职教师组建的家校共育心理中心为特殊孩子（孤儿、单亲儿童、留守儿童）和特殊家长（文化欠缺、教育理念落后、需要心理援助）的心理健康问题提供辅导。

四、项目团队

林士然

引导规律研究院
首席引导师

杨晶晶

引导规律研究院
认证引导师

王玥珺

引导规律研究院
认证引导师

余　辉

引导规律研究院
认证引导师

李平凡

引导规律研究院
认证引导师

五、实施现场

六、新闻报道

心理所在内蒙古库伦旗开展家校合作经验萃取及落地共创工作坊

中科院心理所 2020-11-06

10月27日至28日，中国科学院心理研究所副研究员王利刚、专业引导师杨晶晶和王玥珺等一行面向库伦旗40余位公办校园长和50多名骨干教师开展库伦旗家校合作经验萃取及落地共创工作坊。

研究所概况 | 机构设置 | 研究队伍 | 科研成果 | 实验平台 | 教育培训 | 学术期刊 | 党群园地 | 科学传播

的位置:首页 > 新闻动态 > 综合新闻

心理所在内蒙古库伦旗开展家校共育工作坊

作者: 中国科学院心理健康重点实验室 高文斌研究组 | 日期: 2021/03/25

3月18日至21日，中国科学院心理研究所副研究员王利刚与项目团队成员杨晶晶、王玥珺和余辉等一行在库伦旗开展家校共育工作坊。库伦旗教育科学体育局局长杨海军、库伦镇小学校长红英、六家子镇学校校长刘志星、库伦旗回族幼儿园副园长王昕等全程参与本次工作坊。

此次活动面向库伦旗60余名教师和库伦镇小学四年级四班学生及家长。活动分家校共育学生工作坊、家长工作坊及教师家访经验萃取工作坊三部分，提炼并推广库伦旗家校共育工作中的成功经验。

在学生工作坊中，通过游戏、绘画、沙盘创作、雕塑剧场等方式，引导孩子们发挥创造力、想象力和团队协作能力，展现自己心目中好学校、好老师及好家庭的样子，让孩子们敞开心扉，表达自己对学校和家庭的期待和真实情感。

库伦旗教科体局举办家校合作经验萃取及落地共创工作坊

库伦旗教体局 2020-10-28

为有效推动全旗各幼儿园、中小学家校（园）共育工作，进一步将全旗各校园在开展家校共育工作中取得的成功经验提炼萃取并达成共识，10月27日，旗教科体局诚邀中国科学院心理研究所举办库伦旗家校合作经验萃取及落地共创工作坊，活动在蒙古族幼儿园开展，中国科学院心理研究所副研究员王利刚，专业引导师杨晶晶、王玥珺，徐

库伦旗邀请“大咖”解锁家校共育密码

库伦旗教体局 3月22日

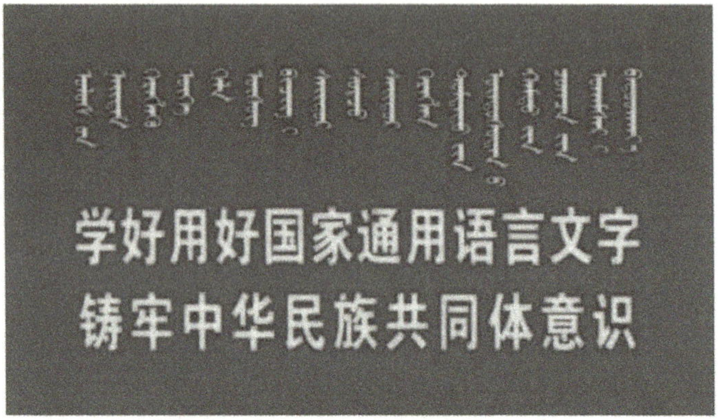

为有效推动我旗家校共育工作，进一步将我旗家校共育工作中取得的成功经验提炼萃取并推广，3月19日至20日，旗教科体局邀请中国科学院心理研究所在库伦镇小学举办库伦旗家校共育工作坊活动，中国科学院心理研究所副研究员王利刚，专业引导师杨晶晶、王玥珺、余辉，旗教科体局党组书记、党委书记、局长杨海军，60余名教师、库伦镇小学四年四班学生及家长参与活动。

旗教科体局携手中科院共同探索家校共育新模式

库伦旗教科体局 4天前

为进一步巩固我旗家校共育工作成果，4月19–21日，库伦旗教科体育局再次邀请中国科学院心理研究所王利刚博士一行7人到我旗开展家校共育工作坊活动，本次活动分别在库伦小学、六家子镇学校、蒙古族幼儿园展开学生、家长、教师专场活动，全旗各学校、幼儿园骨干教师90余人到活动现场观摩学习。

七、落地实践

库伦幼儿园家园共育交流会
02
美篇
@朝鲁门
美篇号: 15191694

学党史铸师魂——库伦旗教体系统庆祝建党100周年系列活动之十五——库伦旗回民幼儿园"时光不语 静待花开"主题家长会
库伦旗回民幼儿园 3天前
时光不语 静待花开

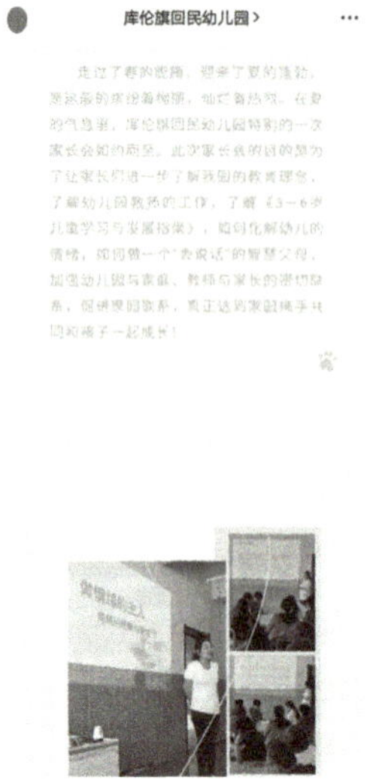
库伦旗回民幼儿园 >

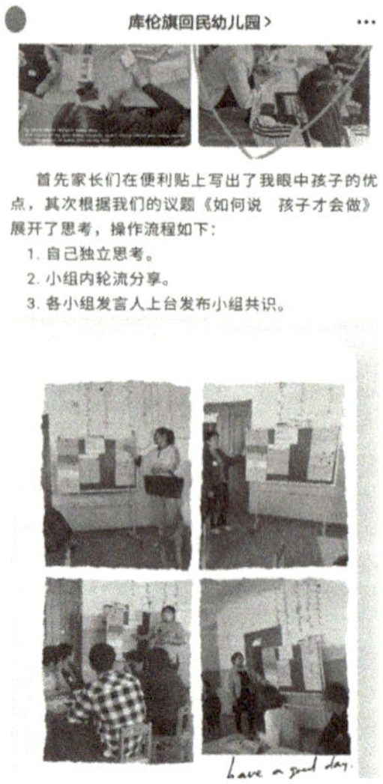
库伦旗回民幼儿园 >
首先家长们在便利贴上写出了我眼中孩子的优点，其次根据我们的议题《如何说　孩子才会做》展开了思考，操作流程如下：
1. 自己独立思考。
2. 小组内轮流分享。
3. 各小组发言人上台发布小组共识。
have a good day.

【库伦镇小学】探教育之路、立教育之魂、悟教育之道——"崇德明礼 共育未来"主题家长会

库伦镇小学 4天前

库伦旗库伦镇小学本着一切为了学生的根本出发点，为进一步加强学校与家长之间的密切联系，增进每一位家长对学校工作及孩子在校情况的了解，达到家校携手、共育英才的目的，以家长所关注的期中阶段性检测为契机，在学

本次"崇德明礼、共育未来"主题家长会分为主会场和分会场，分会场是以班级座谈沟通的形式进行。

沟通交流中，许多家长都表示对孩子的教育将更注重理性和方法，与教师和学校将更注重沟通和配合。许多家长在会上主动与班主任以及各科教师真诚地交谈着，进一步了解自己孩子情况，同时征求老师的意见，就如何更好的、有针对性的帮助孩子进步与老师详谈，并留下了宝贵的建议。

老师们给出了下一阶段要求家长如何帮助教育孩子的可行性建议，让在家长对如何指导孩子有了更明确的方向。

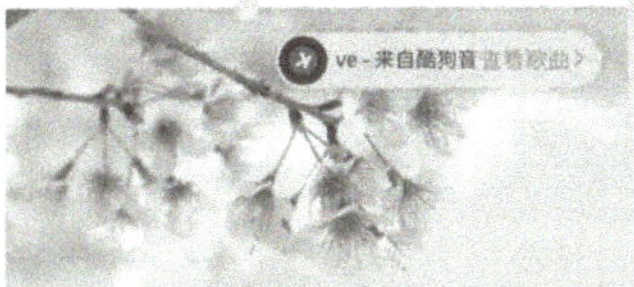

《家校共育 家长赋能》——库伦旗六家子镇学校家长会

花花 关注
05-14 阅读951

家庭教育不仅在青少年成长过程中发挥着奠基性作用，还肩负着培养担当民族复兴大任的时代新人的重要使命。[illegible]分展示我校育人管理的良好校风校貌，使广大家长更全面地了解自己的孩子，[illegible]家校共育协调发展，库伦旗六家子镇[illegible]于5月12日召集一至八年级班主任老师进行了此次家长会会前培训，刘志星[illegible]总体任务安排，包丽花老师主讲，张凤新主任进行培训内容补充。

评论 点赞 送花

Time To Lo 查看歌曲 >

中学家长会主要以青春期教育为主题，班主任老师们制作了精美的课件，引导家长朋友们发现问题，认识问题最后共同解决问题。

评论 点赞 送花

Love - 来自酷狗 查看歌曲 >

家长会最后，在老师的引导和家长们积极讨论、探索之下对孩子的教育家长和学校达成了共识。

评论 点赞 送花

八、精神激励

荣誉证书
CERTIFICATE OF HONOR
杨晶晶 老师
签发日期：2021年4月30日

荣誉证书
CERTIFICATE OF HONOR
王玥珺 老师
签发日期：2021年4月30日

荣誉证书
CERTIFICATE OF HONOR
余辉 老师
签发日期：2021年4月30日

荣誉证书
CERTIFICATE OF HONOR
林士然 老师
签发日期：2021年4月30日

离场调查

1. 关于本书，我最喜欢的是________________这一章。

2. 阅读完本书，我最大的一项收获是________________。

3. 我想给本书的一个推荐语是________________。

引导规律研究院简介

随着引导技术在中国的传播和发展，本土引导技术应用和研究需求越来越强烈。同时，随着中国引导师队伍的扩大，中国引导师在全球的声音也越来越洪亮。引导规律研究院（The Institute for Regularity of Facilitation，网址 www.yindaojishu.org），成立于 2016 年 10 月 1 日，由一群有中国情怀的引导技术发烧友联合发起，总部设在北京，依托互联网社群运营，致力于推动引导技术在中国的创新、应用和发展，推动引导改变企业，建造中国引导师实战技能参考体系（主推 CWF 工作坊引导师认证项目），研发和推介实用的引导技术应用课程，帮助更多中国引导学习者提升实战引导技能，共铸中国引导师自信、自强、自立的品牌形象。

AF 引导规律® 四模块简介

AF 引导规律® 四模块分别是引导魔法箱®、工作坊设计©、引导师状态®和隐喻引导术©，每个模块两天，共八天课程，在线课程可登录千聊直播间：引导技术林士然。

AF 引导规律® 系列课程开启于 2015 年 1 月的魔力工具箱©（2020 年改名为引导魔法箱），是西方引导技术与中国实践需要相结合的产物。自始至终，AF 引导规律® 系列课程都以追求实战和为客户创造价值为宗旨和目标，在传承的基础上不断突破创新，努力让引导学习者学习引导和应用引导的过程变得更加容易。

参考 IAF 认证职业引导师的六项核心技能（开展工作坊设计），2016 年 4 月，领先同行开启工作坊设计© 版权公开课，旨在让引导师以客户需求和工作坊目标来统领引导流程和工具，超越了以往将引导技术课程等同于引导工具课程的做法和局限，让引导初学者脱离了只专注于引导工具学习的漩涡；将引导技术与工作坊紧密结合在一起，拓宽了人们对引导技术应用场景的认知。工作坊设计课程推出了工作坊行进路线图、工作坊需求确认表、凌波五步、工作坊流程设计表等实战工具，让过往工作坊设计的“黑箱子”变得显性、科学和简单。

参考 IAF 认证职业引导师的六项核心技能（面对冲突和保持中立），2017 年 1 月，领先同行开启引导师状态® 公开课，旨在让引导师轻松自如地应对引导中的冲突和困境，从而超越了过往将 Facilitation 一词等同于引导技术、工具、流程的认知，推动引导师更加关注对引导过程中的矛盾、冲突、困境的应对和处理。

2018 年 11 月，领先同行开启高级引导术 © 公开课（2019 年更名为隐喻引导术 ©），旨在让工作坊引导师掌握更加多样的引导策略和手法，让引导师看到引导存在和发展的更多可能性；领先地将隐喻技术与课程设计、工作坊设计结合起来，从而为课程设计者和工作坊引导师开启了一扇新的窗户。

后记

感谢参加 AF 引导规律® 四模块公开课的 400 多位小伙伴，是你们的信任和包容让我一直走到现在，没有你们对课程的积极参与和创造性反馈，就没有本书的诞生。衷心祝福大家在引导这条道路上走得更远。同时，感谢已经选择了引导的组织和推动引导在中国发展的机构，有了你们的陪伴，我们不再孤单。

参考文献

[1] 伊查克 · 爱迪思 . 企业生命周期 [M]. 王玥，译 . 北京 : 中国人民大学出版社，2017.

[2] 英格里德 · 本斯 . 引导 : 团队群策群力的实践指南 [M]. 任伟，译 . 北京 : 电子工业出版社，2019.

[3] 堀公俊，加藤彰 . 向会议要效益 1 : 好会议是策划出来的 [M]. 袁媛，译 . 上海 : 东方出版社，2014.

[4] 堀公俊，加藤彰 . 向会议要效益 2 : 视觉化你的会议 [M]. 张欢，译 . 上海 : 东方出版社，2014.

[5] 堀公俊，加藤彰 . 向会议要效益 3: 让会议抓住焦点 [M]. 刘波，译 . 上海 : 东方出版社，2014.

[6] 堀公俊，加藤彰 . 向会议要效益 4 : 用会议激活团队 [M]. 高超，译 . 上海 : 东方出版社，2014.

[7] 山姆·肯纳，雷尼·林德，等 . 结构化研讨 : 参与式决策操作手册 (第 3 版) [M]. 闫永俊，王洪君，译 . 北京 : 电子工业出版社，2021.

[8] 朱安妮·塔布朗，戴维·伊萨克 . 世界咖啡 : 创造集体智慧的汇谈方法 (修订本) [M]. 汤素素，金沙浪，译 . 北京 : 电子工业出版社，2019.

[9] 库珀里德，惠特尼 . 欣赏式探寻 [M]. 邱昭良，译 . 北京 : 中国人民大学出版社，2007.

[10] 迈克尔 · 威尔金森 . 引导的秘诀 : 通过团队合作获得结果的 SMART 指南 [M]. 甄进明，译 . 北京 : 电子工业出版社，2021.

[11] 巴布 · 耐度，赖美云 . SPOT 团队引导：点燃群体管理的智慧 [M]. 唐长军，郝君帅，等译 . 南京：江苏人民出版社，2014.

[12] 奥托 · 夏莫 .U 型理论：感知正在生成的未来 [M]. 邱昭良，王庆娟，等译 . 北京：中国人民大学出版社，2013.

[13] R.M. 加涅，W.W. 韦杰，等 . 教学设计原理（第五版修订本）[M]. 王小明，庞维国，等译 . 上海：华东师范大学出版社，2018.

[14] 加侬，柯蕾 . 建构主义学习设计：标准化教学的关键问题 [M]. 宋玲，译 . 北京：中国轻工业出版社，2008.

[15] 盛群力，魏戈 . 聚焦五星教学 [M]. 厦门：福建教育出版社，2015.

[16] 伊莎贝尔 · 迈尔斯 . 天生不同：人格类型识别和潜能开发 [M]. 闫冠男，译 . 北京：人民邮电出版社，2016.

[17] 格里高力 · 哈苏克苏 . 发现你的职业性格：MBTI 助你改善工作方式和人际关系 [M]. 穆瑞锋，译 . 北京：电子工业出版社，2021.

[18] 格兰特 · 苏萨鲁，马文 · 奥卡 . 三脑教练：开启头脑、心脑、腹脑合一的巨大能量 [M]. 石蕊，译 . 北京：华夏出版社，2019.

[19] 林士然 . 引导改变培训：从课程设计到工作坊设计 [M]. 北京：电子工业出版社，2020.

[20] 林士然 . 基于隐喻技术的工作坊设计 [M]. 北京：电子工业出版社，2021.

反侵权盗版声明